Fußballtraining

Fußballtraining
für Kinder und Jugendliche

von Stefan Asmus, Michael Hönl und Volker Piekarski

Zum gleichen Thema sind im FALKEN Verlag bereits erschienen:
SportRegeln Fußball (Nr. 1096)
Fußball (Nr. 2309)
Super-Torwart-Training (Nr. 4451)

Die Deutsche Bibliothek – CIP-Einheitsaufnahme

Fussballtraining für Kinder und Jugendliche / von Stefan Asmus,
Michael Hönl und Volker Piekarski. –
Niedernhausen/Ts. : FALKEN, 1994
  (FALKEN Sport)
  ISBN 3-8068-1463-5
NE: Asmus, Stefan A.; Hönl, Michael; Piekarski, Volker

ISBN 3 8068 1463 5

© 1994 by Falken-Verlag GmbH, 65527 Niedernhausen/Ts.

Umschlaggestaltung: Peter Udo Pinzer

Gestaltung und Herstellung: Harald Kraft

Redaktion: Jürgen Knöppler

Titelbild: Harder Photo, Weiterstadt

Fotos: FALKEN Archiv: Pinzer S. 10, Gerlach S. 114, Harms S. 115, TLC S. 117

Siegfried Layda, Wiesbaden: alle übrigen Fotos

Zeichnungen: Dietmar Griese, Hannover

Satz & Bildintegration: Grunewald Satz & Repro GmbH, Kassel
Druck: Appl, Wemding

817 2635 4453 6271

Inhalt

Einleitung

Die Sport- und Freizeitlandschaft hat sich in den letzten Jahren stark verändert. Einer ständig steigenden Zahl von Sportarten steht eine noch größere Zahl von anderen attraktiven Freizeitangeboten gegenüber. Trotzdem ist Fußball ein Spiel geblieben, das immer noch großen Reiz auf Kinder und Jugendliche ausübt. Fußballspielen bietet vielfältige Bewegungserfahrungen, vermittelt Könnenserlebnisse, fördert Kreativität, soziales Verhalten und Teamgeist. Fußball kann als Freizeitsport in Parkanlagen ebenso gespielt werden wie als Wettkampfspiel auf höchster Ebene. Fußballspielen kann viel Spaß und Freude bereiten.

Wirft man aber einmal einen Blick auf den von den Vereinen organisierten Trainings- und Spielbetrieb, bekommt man bisweilen den Eindruck, es handele sich dabei eher um eine ernste, anstrengende Angelegenheit, als um etwas, das Kindern Freude bereiten soll. Die Spiele sind schon bei den Jüngsten häufig nur auf Erfolg ausgerichtet. Monotone Übungsformen beherrschen das Training. Wen wundert es, daß sich viele Kinder und Jugendliche vom Fußballsport abwenden und sich eine andere Sportart oder Freizeitbeschäftigung suchen, die ihnen das bietet, was das Fußballspiel im Verein ihnen vorenthält.

Sowohl die Verantwortlichen in den Vereinen und Verbänden als auch die Trainer und Betreuer müssen ihre zum Teil in alten Traditionen verhaftete Trainings- und Spielauffassung den veränderten Bedingungen anpassen. Die Gestaltung des Trainings- und Spielbetriebes muß sich viel stärker als bisher an den Bedürfnissen der Kinder und Jugendlichen und an neuen Erkenntnissen aus der Trainingswissenschaft orientieren, wenn die Existenz des Jugendfußballs langfristig gesichert werden soll. Im Kinder- und Jugendtraining müssen daher neue Wege beschritten werden.

Der in diesem Buch vorgestellte Weg stellt folgende Ziele in den Vordergrund:

- Die entwicklungsgemäße Schulung der koordinativen Fähigkeiten, die die Basis für das Erlernen aller fußballspezifischen Fähigkeiten und Fertigkeiten sind.
- Die Förderung des variantenreichen und offensiven Fußballs, denn Tore zu erzielen ist viel wichtiger und interessanter als sie zu verhindern.
- Die Betonung des spielnahen Lernens, durch Spiel- und Übungsformen, in denen die spielerisch-kreativen Elemente des Fußballspiels im Vordergrund stehen.

Dieses Buch wendet sich in erster Linie an die im Kinder- und Jugendbereich tätigen Trainer und Betreuer. Es soll ihnen praktische, jederzeit umsetzbare Hilfen für das tägliche Training geben, denn ihre Arbeit ist es, die entscheidend dazu beiträgt, den Spaß und die Freude am Fußballspiel zu fördern und eine positive Leistungsentwicklung sinnvoll vorzubereiten.

Erfreulicherweise spielen immer mehr Mädchen und Frauen Fußball. Daher beziehen sich die Anregungen für die Trainingspraxis gleichermaßen auf Jungen und Mädchen. Auch wenn der Einfachheit halber von Spielern, Trainern und Betreuern die Rede ist, so sind hierin die Spielerinnen, Trainerinnen und Betreuerinnen selbstverständlich eingeschlossen.

KINDER-
UND JUGENDFUSSBALL

Situationsanalyse

Kinder- und Jugendfußball heute

Deutschland ist Fußballweltmeister, die Bundesliga boomt. In den Tageszeitungen und im Fernsehen sind die Spiele der Bundesligamannschaften das Sportthema. Fußball ist so populär wie lange nicht mehr. Beste Voraussetzungen für den Kinder- und Jugendfußball also – so scheint es. Aber Kinder und Jugendliche interessieren sich mehr und mehr für andere Dinge. Sportarten, die individuell und ohne Gruppendruck betrieben werden können, wie beispielsweise Tennis, oder ohne feste Vereinsbindungen, wie Streetball, Skate-Boarding oder Mountain-Biking, erfreuen sich wachsender Beliebtheit.

Darüber hinaus nimmt die passive Spielwelt mit Game-Boy- und Computerspielen sowie Fernsehen und Video einen immer größeren Raum in der Freizeitgestaltung von Kindern und Jugendlichen ein. Unsere hochtechnisierte Gesellschaft bietet vielfältige Möglichkeiten, die Freizeit zu verbringen und fördert dabei immer mehr die Individualität. Gleichzeitig wird der Alltag zunehmend bewegungsärmer.

Davon ist auch der Kinder- und Jugendfußball betroffen. Der Straßenfußball, das Spielen auf Hinterhöfen, Wiesen und Bolzplätzen, existiert so gut wie nicht mehr. Während Kinder früher einen großen Teil ihrer Freizeit im freien Spielen und Üben auf Straßen und Wiesen verbringen konnten, finden sie heutzutage eine Umwelt vor, die durch zunehmenden Straßenverkehr und die Bebauung von Freiflächen gekennzeichnet ist.

Dadurch sind Kinder, die Fußball spielen wollen, auf die Angebote der Sportvereine angewiesen. Doch auch in den Fußballvereinen spielen heute immer weniger Kinder und Jugendliche Fußball. So sind im Kinder- und Jugendbereich insgesamt Mitgliederrückgänge von nahezu 25 Prozent zu verzeichnen, für die Altersstufen der B- und A-Junioren allein von etwa 50 Prozent. Die Gründe hierfür sind neben dem veränderten Freizeit- und Bewegungsverhalten auch in der gestiegenen Zahl schulischer und außerschulischer Verpflichtungen sowie in den Auswirkungen des Geburtenrückganges zu suchen. Neben diesen allgemeinen Gründen gibt es andere, die „fußballspezifisch" sind und einen nicht unwesentlichen Anteil an der wenig zufriedenstellenden Lage im Kinder- und Jugendfußball haben.

Game-Boy- und Computer-Spiele rangieren in der Beliebtheitsskala der Freizeitbeschäftigungen bei Kindern ganz oben

Die veränderten (fehlenden) Vorerfahrungen der Kinder werden zu wenig berücksichtigt

Kinder und Jugendliche, die früher (meist) erst im Alter von 10–14 Jahren in den Verein eintraten, besaßen zu diesem Zeitpunkt durch den Straßenfußball und durch freies Spielen schon umfangreiche Spiel- und Bewegungserfahrungen. Dadurch verfügten sie bereits über eine Reihe von technischen und taktischen Grundlagen und waren so für das Fußballspielen entsprechend motiviert. Heute beginnen Kinder bereits im Alter von 5–7 Jahren mit dem Trainings- und Spielbetrieb („Pampers-Liga"). Das bedeutet, daß wichtige Voraussetzungen für eine positive Leistungsentwicklung und ein langfristiges Interesse am Fußballspielen im Training geschaffen werden müssen. Wird sich dabei nicht an den entwicklungsbedingten Besonderheiten und den Bedürfnissen der Kinder orientiert, werden viele auch weiterhin das Interesse am Fußballspielen verlieren, noch ehe sie richtig damit angefangen haben.

Es fehlen qualifizierte Trainer und Betreuer

Mit der Vorverlegung des Trainings und Wettkampfbeginns ergibt sich noch ein weiteres Problem: Es wird immer schwieriger, qualifizierte Trainer für die im Vergleich zu früher deutlich höhere Anzahl der Kinder- und Jugendmannschaften zu finden.

Um diese Mannschaften am Spielbetrieb teilnehmen lassen zu können, erklären sich häufig Väter oder ehemalige Spieler bereit, diese Aufgabe ehrenamtlich zu übernehmen. Unreflektiert werden dann von zum Teil überforderten oder kaum ausgebildeten Trainern oder Betreuern wenig kind- und jugendgemäße Trainingsinhalte aus dem Seniorenbereich übernommen. Zudem werden auch viel zu früh Meisterschaftsrunden nach dem Vorbild des Seniorenspielbetriebs durchgeführt.

Nicht die vergleichsweise geringe Zahl der gut ausgebildeten Auswahlspieler mit Blickrichtung Profifußball wendet sich vom Fußball ab, sondern die Mehrzahl der Jugendlichen, die aufgrund eines mehrjährigen eintönigen und frustrierenden Trainings- und Spielbetriebes bereits früh in ihrer Leistungsentwicklung stagnieren und/oder einfach keinen Spaß mehr am Fußballspielen haben, geht dem Fußball für immer verloren. Beobachtungen zeigen, daß die Rückkehrrate ausgesprochen gering ist. Hauptsächlich der Amateurbereich leidet unter dieser falschen Auffassung von Kinder- und Jugendarbeit. Der Profifußball greift auf die wenigen qualifizierten Auswahlspieler zurück oder kauft

Die fußballspezifische „Ausbildung" ist auf den kurzfristigen Erfolg ausgerichtet
Wettkampfrunden verleiten schon Trainer von F- und E-Juniorenmannschaften dazu, erfolgsorientiert zu trainieren. Häufig geht es nur noch ums Gewinnen. Taktische Zwänge, wie die Manndeckung oder frühzeitiges Spezialisieren auf eine Position, bestimmen die Spiele der Kleinsten. Die Kinder werden eingeteilt in „gute" und „schlechte" Spieler, wobei die „guten" öfter und länger spielen und die nicht so guten (aber interessierten) Spieler am Spielfeldrand sitzen und zuschauen müssen. Wenn letztere schließlich fünf Minuten spielen dürfen, dann nur, wenn die eigene Mannschaft „vorne liegt" und man das Spiel nicht mehr verlieren kann. So wird dann der Spaß am Fußballspielen bald von Unlust und Mißerfolgserlebnissen verdrängt.

Kinder erleben das „Spiel" Fußball von Anfang an als fremdbestimmt
Die Ansprüche, Vorstellungen und das Erfolgsdenken der Erwachsenen gestatten Kindern nicht, ihre eigenen, kindlichen Spielbedürfnisse zu entwickeln und zu verwirklichen. Monotones, phantasieloses Training und ein nur auf den Erfolg ausgerichteter Spielbetrieb rauben ihnen entscheidende und unwiederbringliche Entwicklungsmöglichkeiten auf ihrem Weg zum Fußballspieler.

Sind all diese Fehler erst einmal gemacht, so sind sie kaum noch zu beheben. Der Vereinsaustritt ist vorprogrammiert!

sich seine Spieler im Ausland. Die Probleme der Bundesligavereine und der Nationalmannschaft auf zentralen Spielpositionen, wie der Libero- und Spielmacherposition, und die Tatsache, daß zur Zeit fast überwiegend Spieler aus dem Ausland die spielerischen Akzente in der Bundesliga setzen, deuten jedoch darauf hin, daß auch der Profibereich bereits unter den Fehlentwicklungen und falschen Zielsetzungen des Kinder- und Jugendfußballs leidet. Gelingt es nicht bald, eine an langfristigen Konzepten orientierte Jugendarbeit zu leisten, so hat dies weitreichende Konsequenzen:

■ Die technische und taktische Ausbildung entspricht nicht mehr den Erfordernissen des modernen Fußballspiels

■ Der nationale, aber vor allem der internationale Standard des deutschen Fußballs sinkt, da aus dem Nachwuchsbereich kaum noch überdurchschnittliche Spieler nachwachsen

■ Immer mehr Jugendliche wenden sich aufgrund von Wettkampfmüdigkeit und/ oder Leistungsstagnation anderen Sportarten oder Freizeitaktivitäten zu, so daß der Fußballsport in seiner Basis gefährdet ist.

Die Lösung der hier aufgezeigten Probleme kann daher nur in der verantwortungsvollen und zielgerichteten Arbeit mit Kindern und Jugendlichen liegen. Gerade deshalb muß sich der Kinder- und Jugendfußball durch eigene Qualitäten im Training wie im Wettkampf auszeichnen.

KINDER- UND JUGENDFUSSBALL

Wichtige Trainingsgrundlagen

- **Entwicklungsstufen**

- **Entwicklung der konditionellen und koordinativen Fähigkeiten**

- **Folgerungen für das Fußballtraining**

- **Ausbildungsabschnitte der sportlichen Leistungsentwicklung**

Wichtige Trainingsgrundlagen

Fußballtraining im Nachwuchsbereich muß sich an den unterschiedlichen Lern- und Leistungsvoraussetzungen von Kindern und Jugendlichen orientieren und den Veränderungen und Möglichkeiten der körperlichen und geistigen Entwicklung der verschiedenen Altersstufen angepaßt sein. Kinder und Jugendliche sind nicht einfach nur kleiner und leichter als Erwachsene, sie denken, fühlen und handeln auch anders als diese und vor allem: sie entwickeln sich ständig weiter.

Um diese Forderungen umzusetzen, sind trainingswissenschaftliche Kenntnisse, vor allem über Besonderheiten der Entwicklung und Leistungsfähigkeit in den einzelnen Altersstufen, nötig.
Kindgemäßes Kinder- und Jugendtraining muß sich in seinen Zielen, Inhalten und Methoden gänzlich vom Erwachsenentraining unterscheiden. Es soll Wachstums- und Reifungsprozesse unterstützen, Fähigkeiten fördern und zum Fußballspielen motivieren.

Kinder- und Jugendtraining darf in keinem Fall ein in Umfang und Intensität reduziertes Erwachsenentraining sein!

Entwicklungsstufen

Einen allgemeinen Überblick über die verschiedenen Altersstufen und die entsprechenden Entwicklungsvorgänge vermittelt das nachfolgende Entwicklungsstufenmodell. Es kann jedoch nur zur Groborientierung dienen, da es durchschnittliche Entwicklungsverläufe darstellt. Nicht alle Kinder und Jugendlichen aber entwickeln sich gleich, das heißt, nicht alle durchlaufen die verschiedenen Entwicklungsstufen zur gleichen Zeit. So kann man häufig bei kalendarisch gleichaltrigen Kindern und Jugendlichen, vor allem in der Pubertät, deutliche Unterschiede zum Beispiel in der Körpergröße (siehe Foto), im Körpergewicht, aber auch in der geistigen Entwicklung feststellen. Darüber hinaus sind die Übergänge von Stufe zu Stufe fließend, und innerhalb der einzelnen Stufen können sich die verschiedenen Entwicklungsvorgänge und Fähigkeiten unterschiedlich ausprägen.

Neben pädagogischen und psychologischen Aspekten, auf die auf Seite 33 eingegangen wird, sind für das Kinder- und Jugendtraining auch Kenntnisse über die Entwicklung konditioneller und koordinativer Fähigkeiten wichtig.

Entwicklungsstufen		Mädchen	Jungen
Kindesalter	**Frühes Schulkindalter**	7. bis 10. Lebensjahr	7. bis 10. Lebensjahr
	Spätes Schulkindalter	10./11. bis 11./12. Lebensjahr	10./11. bis 12./13. Lebensjahr
Pubertät	**Erste puberale Phase (Pubeszenz)**	11./12. bis 13./14. Lebensjahr Zeitraum vom Beginn der Geschlechtsreifung bis zum Eintreten der ersten Regelblutung (Menarche)	12./13. bis 14./15. Lebensjahr Zeitraum vom Beginn der Geschlechtsreifung bis zum Auftreten der ersten reifen Samenfäden (Spermarche)
	Zweite puberale Phase (Adoleszenz)	13./14. bis 17./18. Lebensjahr Zeitraum der Menarche bis zum Erreichen der körperlichen Vollreife (Maturität)	14./15. bis 18./19. Lebensjahr Zeitraum der Spermarche bis zum Erreichen der körperlichen Vollreife Maturität

Entwicklung der konditionellen und koordinativen Fähigkeiten

Jede sportliche Leistung, so auch das Fußballspielen, wird von vielen verschiedenen Faktoren bestimmt, die in Wechselwirkung zueinander stehen. Dazu zählen unter anderem individuelle Faktoren (wie Körperbau, Geschlecht, Intelligenz, Wille, Motivation), äußere Bedingungen (wie Gegner, Platzbeschaffenheit) sowie technisch-taktische Fähigkeiten und konditionelle und koordinative Fähigkeiten.

Während einige Faktoren, wie beispielsweise der Körperbau, kaum verändert werden können, ist die Entwicklung der konditionellen und koordinativen Fähigkeiten durch Training unterschiedlich

stark beeinflußbar. Ihre Schulung ist deshalb so bedeutsam, da sie die Basis für jede menschliche Bewegung und damit auch für jedes sportartspezifische Training sind.

Konditionelle Fähigkeiten

Ein wichtiger Faktor, um die verschiedenen Anforderungen eines Fußballspiels erfüllen zu können, sind die konditionellen Fähigkeiten. Sportliche Techniken und taktische Aufgaben können nur dann umgesetzt werden, wenn der Körper durch seine konditionellen Fähigkeiten auch in der Lage ist, die für die Muskelarbeit jeweils benötigte Energie bereitzustellen. Eine gut ausgebildete (aerobe) **Ausdauerleistungsfähigkeit** – also die Fähigkeit, eine bestimmte körperliche Leistung über einen möglichst langen Zeitraum aufrechterhalten sowie sich von ihr erholen zu können – ist Voraussetzung, um sich von intensiven Belastungen wie Sprint, Torschuß oder Zweikampf zu erholen und um die komplexen Anforderungen des Fußballspiels über die gesamte Spieldauer bewältigen zu können.

Die aerobe Ausdauerleistungsfähigkeit entwickelt sich über den gesamten Zeitraum des Kindes- und Jugendalters sehr positiv, wobei der größte Leistungsschub, bedingt durch die mit dem allgemeinen Wachstum einhergehenden Veränderungen des Herz-Kreislauf-Systems, in der Pubertät stattfindet.

Von den **Kraftfähigkeiten** ist vor allem die Schnellkraft – die Fähigkeit, in kurzer Zeit eine möglichst große Kraft zu entwickeln – für die Antrittsschnelligkeit sowie die Schuß- und Sprungkraft im Fußball bedeutsam. Daneben verhindert ein allgemein gut gekräftigter Körper frühzeitige Verschleißerscheinungen und beugt Verletzungen vor (siehe hierzu ebenfalls Seite 103 f.).

Die Schnellkraft entwickelt sich im gesamten Kindes- und Jugendalter positiv, wobei es in der Pubertät (bedingt durch die hormonellen Veränderungen) zu den höchsten Zuwächsen kommt.

Schnelligkeitsfähigkeiten – also zum Beispiel die Fähigkeit, auf ein Signal schnellstmöglich zu reagieren und/oder Bewegungen mit höchster Geschwindigkeit zu realisieren – können Fußballspiele entscheiden. Vorteile bei Antritten zum Ball, beim Freilaufen, bei Täuschungsmanövern und bei Sprints zum Einholen des Gegners sind ebenso wie schnelles Erfassen und schnelles Reagieren in wechselnden Spielsituationen die Schlüssel zum Erfolg.

Einige für das Fußballspielen wichtige Schnelligkeitsfähigkeiten entwickeln sich sehr früh. So haben Reaktionsschnelligkeit und Schrittfrequenz im frühen Schulkindalter ihren größten Entwicklungsschub, aber auch im späten Schulkindalter entwickeln sie sich weiterhin sehr gut. Schnelligkeitsleistungen, die abhängig sind von Schnellkraft- oder Maximalkraftfähigkeiten (wie zum Beispiel die Antrittsschnelligkeit), haben ihren größten Leistungszuwachs erst in der Pubertät.

Eine gut ausgebildete **Beweglichkeit** – also die Fähigkeit, Bewegungen mit der erforderlichen oder größtmöglichen Schwingungsweite der beteiligten Gelenke auszuführen – wirkt sich verletzungsvorbeugend und zudem günstig auf die Bewegungsausführung aus (siehe hierzu auch Seite 103 f.). Eine gute Beweglichkeit ist beispielsweise wichtig für die Ausführung eines Hüftdrehstoßes; für Torhüter ist sie eine wichtige Voraussetzung für alle Abwehrtechniken.

Die Beweglichkeit nimmt bis zum späten Schulkindalter zu und anschließend wieder ab. Bis zur zweiten puberalen Phase sollen zur Beweglichkeitsschulung keine Partnerübungen angewandt werden, bei denen ein Partner die Dehnung „von außen" (durch Druck oder Zug) verstärkt, da der Halte- und Stützapparat des kindlichen und jugendlichen Organismus solchen Belastungen noch nicht gewachsen ist und dadurch Deformationen und irreparable Schäden am Skelettsystem entstehen können.

Koordinative Fähigkeiten

Die koordinativen Fähigkeiten sind Grundlage für das Bewegungslernen und beeinflussen sowohl die technisch-taktische als auch die konditionelle Entwicklung. Für das Fußballspielen sind sie deshalb unverzichtbare Lern- und Leistungsvoraussetzungen.

Berühmte Fußballspieler wie Pelé oder Franz Beckenbauer verdanken ihre Popularität nicht etwa ihren konditionellen Fähigkeiten, sondern ihren hervorragend ausgeprägten koordinativen Fähigkeiten. Erst diese ermöglichten ihnen ihr unnachahmliches Ballgefühl, ihre in jeder Situation souveräne Ballbeherrschung, ihre Tricks und ihre Spielübersicht.

Die **kinästhetische Differenzierungsfähigkeit** äußert sich vor allem im **Ballgefühl**. Sie hilft, Bewegungen räumlich und zeitlich zu präzisieren, zu ökonomisieren und Krafteinsätze zu differenzieren. Das wird beispielsweise beim Dribbling, bei gefühlvollen, weichen Pässen, bei der An- und Mitnahme von Bällen und beim plazierten Torschuß deutlich.

Die kinästhetische Differenzierungsfähigkeit entwickelt sich im frühen und späten Schulkindalter sehr rasch. Über Dreiviertel des Gesamtzuwachses werden in dieser Zeit erreicht. Anschließend verlangsamt sich die Entwicklung, und sie kann sogar stagnieren.

Die **räumliche Orientierungsfähigkeit** zeigt sich besonders im **peripheren Sehen**. Sie beeinflußt die Wahrnehmung des Fußballspielers auf dem Spielfeld im Verhältnis zu Mit- und Gegenspielern, zu Ball und Toren. Das bei guten Spielern ausgeprägte periphere Sehen hilft, Situationen zu erkennen, die erforderliche Entscheidung (zum Beispiel ob ein Dribbling oder ein Abspiel besser ist) zu treffen und umzusetzen. Die räumliche Orientierungsfähigkeit ist damit grundlegend für ein sinnvolles taktisches Handeln. Sie entwickelt

sich besonders gut im frühen Schulkindalter und in beiden puberalen Phasen. Die bei Kindern noch verhältnismäßig gering ausgeprägte Orientierungsfähigkeit führt zu der in den Fußballspielen der F- und E-Junioren oft zu beobachtenden „Knäuelbildung" auf dem Spielfeld. Spielfeldgrößen und Spielerzahl sind für sie oftmals noch zu unüberschaubar, als daß ihnen eine entsprechende Orientierung gelingen könnte.

Die **Gleichgewichtsfähigkeit** hilft, sich beispielsweise trotz Bedrängung durch einen Gegenspieler nicht aus der „Bahn werfen" zu lassen oder sich in Zweikämpfen zu behaupten, ohne den Bewegungsfluß zu verlieren. Sie entwickelt sich im frühen und späten Schulkindalter sehr stark. In den beiden darauffolgenden Phasen kann man dagegen nur noch einen geringen Leistungszuwachs beziehungsweise eine Stagnation feststellen.

Die **Reaktionsfähigkeit** zeigt sich in einem möglichst schnellen Reagieren auf die sich ständig ändernden Spielsituationen. Einen Moment schneller zu starten als der Gegenspieler kann den nötigen Vorsprung für einen Torschuß, aber auch zum Verhindern einer Torchance schaffen. Einen abgefälschten Schuß aus Nahdistanz noch „herauszufischen", zeichnet einen reaktionsschnellen Torwart aus.

Die Reaktionsfähigkeit entwickelt sich am stärksten im frühen Schulkindalter. Anschließend kommt es nur noch zu geringen Steigerungen. In der Pubertät kann die Entwicklung auch stagnieren.

Die **Rhythmusfähigkeit** kommt zum Beispiel beim Torschuß zum Tragen, wenn es darum geht, Aushol- und Schußbewegung optimal aufeinander abzustimmen. Ebenso wichtig ist sie bei der Ausführung von Täuschungsbewegungen. Eine „runde", fließende Bewegung ist ökonomischer und effektiver als eine mit viel Krafteinsatz.

Die Rhythmusfähigkeit entwickelt sich im frühen und späten Schulkindalter sehr positiv. Anschließend verlangsamt sich die Entwicklung beziehungsweise sie stagniert bis ins Erwachsenenalter hinein.

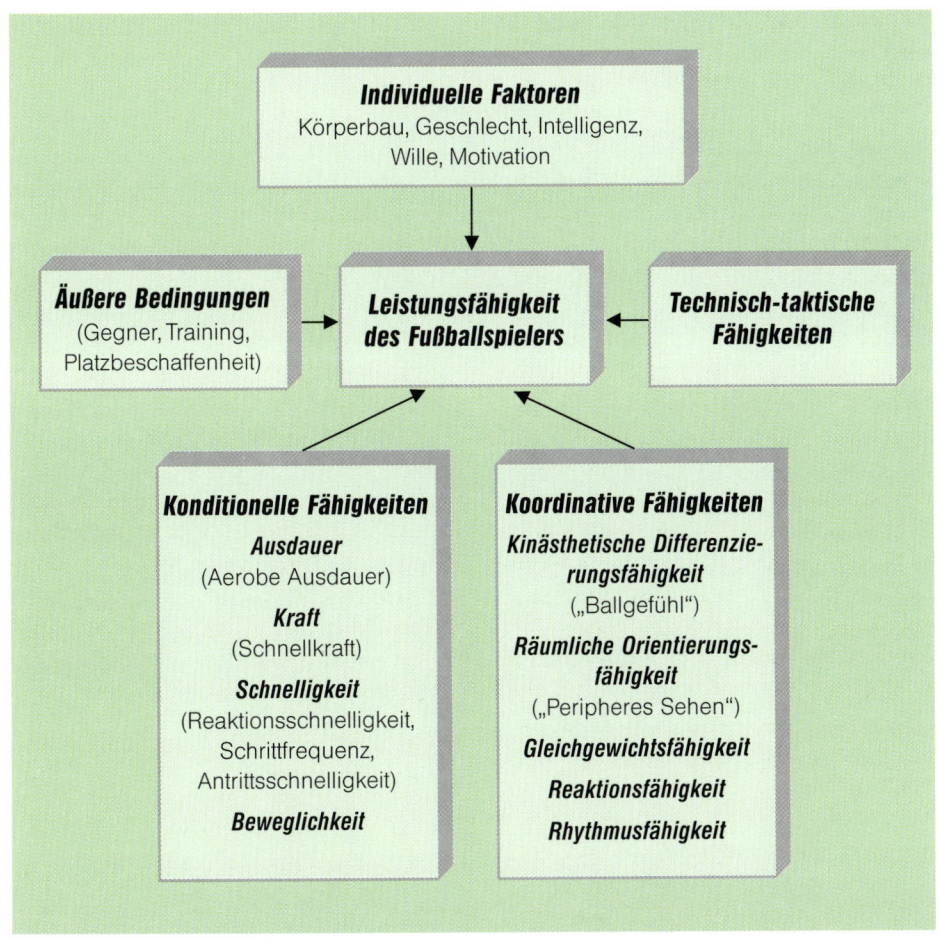

Folgerungen für das Fußballtraining

Beobachtungen aus der Trainingspraxis haben gezeigt, daß in Phasen einer beschleunigten Entwicklung konditioneller und koordinativer Fähigkeiten auch entsprechende Trainingsreize gesetzt werden müssen. Dies gilt besonders für Fähigkeiten, die nur während eines relativ eng begrenzten Zeitraums besonders gut trainiert werden können. Soll das Training konditioneller und koordinativer Fähigkeiten im Kindes- und Jugendalter sinnvoll und effektiv sein, müssen folgende Punkte beachtet werden:

■ Die für das Fußballspiel bedeutsamen Schnelligkeitsfähigkeiten, Reaktionsschnelligkeit und Schrittfrequenz, entwickeln sich schon im frühen und späten Schulkindalter sehr gut und müssen in dieser Zeit entsprechend geschult werden.
■ Die Antrittsschnelligkeit sollte gezielt von der Pubertät an trainiert werden.
■ Die aerobe Ausdauerleistungsfähigkeit entwickelt sich während des gesamten Kindes- und Jugendalters gut bis sehr gut. Da aber eine gute Ausdauerleistungsfähigkeit auch noch im Seniorenalter erreicht werden kann, sollte ein gezieltes Training erst mit Beginn der Pubertät einsetzen. Zudem wird die aerobe Ausdauer in vielen Spiel- und Übungsformen ausreichend mitgeschult.
■ Die Fähigkeiten Kraft und Beweglichkeit sollten im Kindesalter kindgemäß gefördert werden. Ziele sind hier eine allgemeine Kräftigung und das Erhalten der kindlichen Beweglichkeit. Darauf aufbauend sollten diese Fähigkeiten in der Pubertät gezielt trainiert werden.
■ Die koordinativen Fähigkeiten entwickeln sich im frühen und späten Schulkindalter besonders positiv. Ihre Entwicklung fördert im späten Schulkindalter das vielfach zitierte „Lernen auf Anhieb", das es Kindern ermöglicht, neue Bewegungen in nur ganz wenigen Versuchen zu erlernen. Daher ist es notwendig, im Kindesalter vielseitige Bewegungserfahrungen zu vermitteln, denn eine im Kindesalter antrainierte hohe koordinative Leistungsfähigkeit geht im weiteren Entwicklungsverlauf nicht verloren. Sie ist also immer ein Plus für das sportliche Leben. So können Jugendliche oder Erwachsene sportliche Techniken leichter und schneller lernen, wenn sie in der Kindheit entsprechende Vorerfahrungen gesammelt haben.

Da die Entwicklung der koordinativen Fähigkeiten bis zum späten Schulkindalter jedoch so gut wie abgeschlossen ist, bedeutet das:

Die koordinativen Fähigkeiten müssen im frühen und späten Schulkindalter ausreichend trainiert werden – was in dieser Zeit versäumt wird, kann später in keinem Fall mehr nachgeholt werden!

Konditionelle und koordinative Fähigkeiten	Frühes Schulkindalter	Spätes Schulkindalter	Erste puberale Phase	Zweite puberale Phase
Ausdauer (Aerobe Ausdauer)			⚽⚽	⚽⚽⚽
Kraft – Schnellkraft			⚽⚽	⚽⚽⚽
– Allgemeine Kräftigung	⚽	⚽	⚽⚽	⚽⚽
Beweglichkeit	⚽	⚽	⚽⚽⚽	⚽⚽⚽
Schnelligkeit – Reaktionsschnelligkeit	⚽⚽⚽	⚽⚽⚽	⚽⚽	⚽⚽
– Schrittfrequenz	⚽⚽⚽	⚽⚽⚽	⚽	⚽
– Antrittsschnelligkeit		⚽	⚽⚽	⚽⚽⚽
Kinästhetische Differenzierungsfähigkeit	⚽⚽⚽	⚽⚽⚽	⚽⚽	⚽⚽
Räumliche Orientierungsfähigkeit	⚽⚽⚽	⚽⚽⚽	⚽⚽	⚽⚽
Gleichgewichtsfähigkeit	⚽⚽	⚽⚽	⚽	⚽
Reaktionsfähigkeit	⚽⚽⚽	⚽⚽⚽	⚽⚽	⚽⚽
Rhythmusfähigkeit	⚽⚽	⚽⚽	⚽	⚽

hoher Anteil = ⚽⚽⚽ **mittlerer Anteil** = ⚽⚽ **niedriger Anteil** = ⚽

Auf diese Erkenntnisse ist die in oben stehender Grafik vorgenommene Gewichtung der einzelnen konditionellen und koordinativen Fähigkeiten in den verschiedenen Entwicklungsphasen, das heißt, ihre entsprechenden Anteile im Fußballtraining des Kindes- und Jugendalters, zurückzuführen.

Zusammengefaßt bedeutet das, daß man im Kindesalter eine breite koordinative Grundlage schafft; außerdem müssen die genannten Schnelligkeitsfähigkeiten geschult werden.
In der Pubertät müssen dann die konditionellen und koordinativen Fähigkeiten auf dieser Basis weiter ausgebaut werden.

Ausbildungsabschnitte der sportlichen Leistungsentwicklung

Die nachfolgende Altersklasseneinteilung des DFB orientiert sich nicht an den Entwicklungsvorgängen, sie geht in Zweijahresschritten vor.

Das Fußballtraining mit Kindern und Jugendlichen darf sich jedoch nicht an diesen einzelnen Altersklassen orientieren, denn nicht sie, sondern die entwicklungsbedingten Besonderheiten der heranwachsenden Kinder und Jugendlichen bestimmen Aufbau und Gestaltung des Trainings.

ses Entwicklungsabschnitts bereits über Dreiviertel ihres maximalen Niveaus erreicht haben. Nur durch eine intensive Schulung dieser Fähigkeiten im Kindesalter ist die optimale Ausbildung der technisch-taktischen Leistungsfähigkeit in späteren Jahren möglich. Deshalb müssen innerhalb dieses Entwicklungszeitraumes andere Trainingsschwerpunkte gesetzt werden als in der Zeit während und nach der Pubertät.

Im frühen und späten Schulkindalter

Altersklasseneinteilung	Jungen	Mädchen
F-Junioren	bis 8 Jahre	bis 8 Jahre
E-Junioren	8 bis 10 Jahre	8 bis 10 Jahre
D-Junioren/D-Juniorinnen	10 bis 12 Jahre	10 bis 12 Jahre
C-Junioren/C-Juniorinnen	12 bis 14 Jahre	12 bis 14 Jahre
B-Junioren/B-Juniorinnen	14 bis 16 Jahre	14 bis 16 Jahre
A-Junioren	16 bis 18 Jahre	

In diesem Zusammenhang muß man berücksichtigen, daß Fußballspieler ihr Höchstleistungsalter erst innerhalb des dritten Lebensjahrzehnts erreichen. Ob die Höchstleistung auch tatsächlich erreicht wird, ist jedoch im hohen Maße vom Training im Kindes- und Jugendalter abhängig. Eine wichtige – in der Trainingspraxis bedauerlicherweise häufig vernachlässigte – Rolle kommt dabei dem frühen und späten Schulkindalter zu. Die Grafik auf Seite 23 zeigt, daß die für das Fußballspiel besonders bedeutsamen koordinativen Fähigkeiten am Ende dieses dürfen Kinder daher nicht darauf getrimmt werden, möglichst viele Spiele – egal mit welchen Mitteln – zu gewinnen, sondern es muß eine breite Basis fußballspezifischer Fähigkeiten und Fertigkeiten geschaffen werden, auf der dann in den beiden puberalen Phasen und im Erwachsenenalter aufgebaut werden kann.

Die konsequente Umsetzung der bisherigen Überlegungen und Forderungen führt zu einer Unterteilung in Kinder- und Jugendfußballtraining, wobei die Übergänge zwischen beiden Ausbildungsabschnitten fließend sind.

Das Kindertraining findet im Zeitraum vom frühen Schulkindalter bis zum Beginn der Pubertät, also vom F- bis einschließlich D-Juniorenalter statt. Es soll eine spielerisch ausgerichtete, allgemeine und vielseitige Ausbildung gewährleisten, so daß unter Berücksichtigung der entwicklungsgemäßen Besonderheiten der Kinder die für das Erreichen der Höchstleistung im Erwachsenenalter notwendigen Voraussetzungen geschaffen werden. Die Trainingsschwerpunkte liegen im allgemein-koordinativen Bereich.

Das Jugendtraining findet im Zeitraum vom Beginn der Pubertät bis zum Eintritt in das Erwachsenenalter, also vom C- bis einschließlich A-Juniorenalter, statt. Es soll eine altersgemäße, zunehmend an den spielspezifischen Anforderungen des Fußballspiels ausgerichtete Ausbildung gewährleisten, die auf die Anforderungen des Erwachsenenfußballs vorbereitet. Die Trainingsschwerpunkte liegen im technisch-taktischen Bereich.

KINDER- UND JUGENDFUSSBALL

Grundsätze für die Trainingsgestaltung

- ■ Kindertraining
- ■ Jugendtraining
- ■ Trainerpersönlichkeit

Grundsätze für die Trainingsgestaltung

Aufbau einer Trainingseinheit

Im Fußballtraining hat sich die Aufteilung der Trainingseinheit in einen vorbereitenden Teil, einen Hauptteil und einen abschließenden Teil bewährt.

Im **vorbereitenden Teil** werden die Kinder und Jugendlichen unter Berücksichtigung ihres Entwicklungsstandes auf die Anforderungen des Hauptteils vorbereitet. Er sollte möglichst abwechslungsreich gestaltet werden und dabei Spiel- und Übungsformen mit dem Ball sowie einen Gymnastikteil enthalten.

Die Schwerpunkte des **Hauptteils** liegen zumeist im koordinativen, technisch-taktischen oder konditionellen Bereich. Hier steht das vielseitige Umgehen mit dem Ball und das Zusammenspielen unter unterschiedlichen Aufgabenstellungen und Zielsetzungen im Mittelpunkt.

Der **abschließende Teil** dient neben der aktiven Erholung von den Trainingsbelastungen insbesondere der Motivation auf die nächste Trainingseinheit. Dazu gehört zum Beispiel ein Abschlußspiel oder das Eingehen auf Wünsche der Kinder.

Ein guter Trainer sollte jedoch stets in der Lage sein, eine vorab geplante Trainingseinheit aufgrund einer veränderten Situation spontan zu variieren.

Trainingsdauer und -häufigkeit

Im Kindertraining sind zwei Trainingseinheiten pro Woche, die zwischen 40 und 60 Minuten dauern sollten, anzustreben. Im Jugendtraining sollten mindestens zwei Trainingstermine pro Woche stattfinden. Die Trainingseinheit kann allmählich von 60 auf 90 Minuten ausgedehnt werden.

Kindertraining

Kinder benötigen ein anderes Training als Jugendliche und Erwachsene. Auf Grund ihres ausgeprägten Bewegungsdranges und ihres Spieltriebes muß es abwechslungsreich gestaltet sein, wobei den Kindern möglichst oft Leistungsvergleiche mit anderen angeboten werden sollten. Diese und im vorangegangenen Kapitel dargestellten Überlegungen führen zu folgenden **Zielsetzungen** für das Fußballtraining im Kindesalter:

- Entwicklung eines breiten Bewegungsspektrums durch vielfältige Spielformen mit Wettkampfcharakter.
- Vorrangige Entwicklung der koordinativen Fähigkeiten als Basis für eine positive Leistungsentwicklung im Jugend- und Seniorenalter.
- Entwicklung und Förderung von Konfliktfähigkeit und einem toleranten Verhalten im Umgang mit Partnern und Gegnern.

■ Motivation, auch außerhalb der Trainingszeiten allein oder mit Freunden zu üben und zu spielen.
■ Entwicklung einer dauerhaften Motivation zum Fußballspielen.

Eine solche Ausbildung kann nur durchgeführt werden, wenn verschiedene **methodische Prinzipien** beachtet werden. An erster Stelle steht dabei eine bewegungsintensive, abwechslungsreiche und interessante Trainingsgestaltung, in der *spielerische Trainingsformen mit kleinen Spielerzahlen und geringer Spielfeldgröße* überwiegen. Zudem sollten innerhalb des Trainings *freie Phasen* eingerichtet werden, in denen die Kinder ohne Anleitung des Trainers *selbstbestimmt spielen und üben* oder einfach mal etwas ausprobieren können. Diese Phasen sind für die Entwicklung der Kreativität und Selbständigkeit der Kinder unverzichtbar.

Aufgrund ihres ausgeprägten Bewegungsdranges und Spieltriebes sollte Kindern ein bewegungsintensives spielbetontes und abwechslungsreiches Fußballtraining angeboten werden (großes Foto)

Trainingsinhalte

Wichtigster Bestandteil des Fußballtrainings mit Kindern ist die Schulung der koordinativen Fähigkeiten durch *Spiel- und Übungsformen, in denen die Auseinandersetzung mit dem Ball im Mittelpunkt steht*. Im technischen Bereich bildet die *vielseitige Schulung des Ballführens und Dribblings* im Kindertraining den Schwerpunkt.

Das Konditionstraining ist neben kindgemäßen gymnastischen Übungen (Beweglichkeit) ausschließlich auf die Reaktionsschnelligkeit und Verbesserung der Schrittfrequenz (Schnelligkeit) ausgerichtet und sollte überwiegend mit Ball durchgeführt werden.

Fußballspielen mit Kindern – aber wie?

Nicht so, ...	... besser so
Zu wenig motivierende, kindgerechte Spiel- und Übungsformen. Es überwiegen monotone Lauf- und Technikübungen.	Spielformen mit dem Ball, die auf kleinen Spielfeldern mit wenigen Spielern, mit kindgerechtem Ball und Toren ausgetragen werden, stehen im Mittelpunkt.
Es wird zu einseitig ausgebildet. Die Entwicklung der koordinativen Fähigkeiten wird vernachlässigt.	Vielseitige Schulung der koordinativen Fähigkeiten durch vielfältige Aufgabenstellungen im Umgang mit dem Ball steht im Vordergrund.
Kinder werden auf den kurzfristigen Erfolg hin trainiert. Schon frühzeitig führt das zu Position- und Auswechselbankspezialisten.	Meisterschaftsrunden sollten in dieser Alterskasse durch andere Wettkampfformen aufgelockert werden. Spielen und trainieren auf unterschiedlichen Positionen und ein sinnvoller Umgang mit Siegen und Niederlagen sind anzustreben.
Eine langfristige Motivation zum Fußballspielen wird durch Frustrationen in Training und Wettkampf verhindert.	Trainer sollten weniger erfolgsorientiert, sondern mehr pädagogisch und psychologisch orientiert arbeiten. Diese Vorgehensweise muß durch die Verbände und Vereine stärker unterstützt werden.

Jugendtraining

Jugendliche sind körperlich gut belastbar, und sie können und wollen auch geistig gefordert werden. So ist die erste puberale Phase keine Phase der Stagnation oder der Schonung, obgleich neue Bewegungen aufgrund der beschleunigten Wachstums- und Reifungsprozesse nicht mehr so schnell erlernt werden können wie im Kindertraining. Auch treten in dieser Zeit bei Jugendlichen Stimmungsschwankungen auf, ihre Interessen wechseln häufig. Diese Veränderungen sind aber Zeichen eines normalen Entwicklungsverlaufs und erfordern keine besonderen Maßnahmen.

In der zweiten puberalen Phase stabilisieren sich die psychischen Voraussetzungen, und die Jugendlichen erreichen die körperliche Leistungsfähigkeit von Erwachsenen.

Folgende **Zielsetzungen** stehen beim Fußballtraining mit Jugendlichen im Vordergrund:

- Einführen neuer beziehungsweise Vertiefen und gezieltes Anwenden bereits erlernter technischer Fertigkeiten durch vielseitige fußballspezifische Spiel- und Übungsformen.
- Gezielte Einführung und Vertiefung technisch-taktischer Elemente.
- Schulung der aeroben Ausdauer und der Antrittsschnelligkeit (nach Möglichkeit mit Ball).
- Kräftigung der Rumpfmuskulatur und Schulung der Beweglichkeit.
- Stabilisierung der Motivation zum Fußballspielen.

Das wichtigste **methodische Prinzip** im Jugendtraining ist die *abwechslungsreiche, spielnahe Trainingsgestaltung*. Die Spiel- und Übungsformen sollten so ausgewählt werden, daß die Aufmerksamkeit nicht nur auf den Ball, sondern auch auf die Mit- und Gegenspieler gerichtet werden muß. Zudem sollten sie möglichst oft das *Herausspielen und Verwerten von Torchancen* fördern.

Trainingsinhalte

Die Umsetzung der Ziele wird durch die *Verwendung komplexer, wettkampfnaher Spiel- und Übungsformen erreicht, bei denen die Schwerpunkte im technisch-taktischen Bereich* liegen. Das Anwenden der technischen Fertigkeiten bei hohem und höchstem Tempo und unter Gegnereinwirkung steht dabei im Jugendtraining im Mittelpunkt.

Die *Schulung der konditionellen Fähigkeiten* erfolgt mit Ausnahme gymnastischer Übungen (Kraft, Beweglichkeit) überwiegend *mit dem Ball* (aerobe Ausdauer, Antrittsschnelligkeit).

Fußballspielen mit Jugendlichen – aber wie?

Nicht so, ...	*... besser so*
Das Techniktraining wird vernachlässigt oder zu sehr unter falschen konditionellen Belastungen durchgeführt (z. B. beim Torwarttraining zu viele Wiederholungen in zu kurzer Zeit).	Vielseitiges Techniktraining unter spielnahen taktischen Anforderungen und/oder in Verbindung mit der Schulung der Reaktions- und Antrittsschnelligkeit.
Es werden konditionelle Fähigkeiten trainiert, die der Fußballer nicht braucht. (Statt der wichtigsten konditionellen Fähigkeit, der Antrittsschnelligkeit, wird häufig die Schnelligkeitsausdauer trainiert).	Wenige intensive Wiederholungen mit ausreichenden Pausen und Einbindung in spielerische, wettkampfnahe Formen bestimmen das Training der Antrittsschnelligkeit.
Die Schulung der Beweglichkeit und die Kräftigung der Rumpfmuskulatur werden vernachlässigt oder fehlerhaft durchgeführt.	Stretching und die Kräftigung der Rumpfmuskulatur durch funktionsgerechte Übungsformen sind fester Bestandteil des Trainings.
Durch die starke Ausrichtung auf den Erfolg werden den Spielern zu wenig individuelle Freiheiten gelassen.	Eine langsame Hinführung zum positionsspezifischen Spiel mit möglichst vielen taktischen Freiheiten. (Voraussetzung für die Entwicklung von Spielerpersönlichkeiten).

Trainerpersönlichkeit

Die Bedeutung der Beziehung zwischen dem Kinder- und Jugendtrainer und seinen Spielern wird von Trainerseite häufig unterschätzt. Die Person des Trainers hat für die Spieler immer eine Art Vorbildfunktion. Daher sind neben dem Fachwissen auch gute psychologische und pädagogische Kenntnisse und Fähigkeiten erforderlich.

Kinder- und Jugendtrainer sollten:

- zur Vermeidung von monotonem Training über ein vielseitiges Lern-, Übungs- und Trainingsprogramm verfügen,
- ein variables und risikofreudiges Fußballspielen fördern – und kein positionsspezifisches und auf Sicherheit bedachtes Spielen,
- in der Lage sein, den Spielern etwas zu demonstrieren und sie durch Mitmachen zu motivieren,
- trotz einer gezielten Trainingsvorbereitung flexibel auf die Wünsche der Kinder und Jugendlichen reagieren,
- auf ihre Spieler eingehen können („ihre Sprache sprechen"), sie trösten, sie ermutigen, sie loben und, wenn es erforderlich ist, auch konstruktiv Kritik üben können,
- neben dem Training Beziehungen zu und zwischen den Spielern, Eltern und Funktionären des Vereins und des Verbandes herstellen und pflegen.

Kinder- und Jugendtrainer sollten nicht Feldherren am Spielfeldrand sondern vielmehr Partner und Vorbild beim Erlernen und Ausüben einer Sportart sein

GRUNDLAGEN DES FUSSBALLSPIELS

Technisch-taktische Elemente

- **Vom Ballführen zum Dribbling**

- **Vom Passen und der Ballan- und -mitnahme zum Zusammenspiel**

- **Tore erzielen**

- **Torwartspiel**

Technisch-taktische Elemente

Gelungene Dribblings, überraschende Pässe, elegante Ballan- und -mitnahmen, plazierte Torschüsse und erfolgreiche Torwartparaden – nicht ständiges Hin- und Herrennen, Ausschalten des Gegenspielers um jeden Preis – machen Fußballspiele erst attraktiv.

Voraussetzung dafür ist jedoch das Beherrschen wesentlicher technischer und taktischer Fähigkeiten und Fertigkeiten. Grundlegende Bedingung für das Dribbling etwa ist das Ballführen. Das Ballführen hat jedoch erst in einer taktischen richtigen Anwendung zum Beispiel als Tempodribbling seinen Sinn im Spiel.

Deshalb werden diese und andere Fähigkeiten und Fertigkeiten in der Beschreibung wesentlicher technisch-taktischer Elemente zusammengefaßt.

So beschreibt dieses Kapitel zunächst den Weg **vom Ballführen zum Dribbling**, anschließend den **vom Passen und der Ballan- und -mitnahme zum Zusammenspiel** geht danach auf **das Toreerzielen** und abschließend auf **das Torwartspiel** ein. Mit Ausnahme des viel zu oft vernachlässigten Torwartspiels finden Abwehrtechniken und -taktiken keine Berücksichtigung, da sie in den Spiel- und Übungsformen (siehe hierzu Seite 50 ff. und Seite 74 ff.) mitgeschult werden. Viel wichtiger ist, daß im Kinder- und Jugendtraining die Konzentration auf Elementen wie Dribbling oder Toreerzielen liegt, um einen offensiven und kreativen Fußball zu fördern, der nicht nur Zuschauern mehr Spaß macht, sondern auch für die Spieler selbst viel motivierender ist.

Vom Ballführen zum Dribbling

Erfolgreiche Dribblings und überraschende Tricks sind die Leckerbissen in Fußballspielen. Spieler wie Diego Maradona oder Pierre Littbarski haben die Zuschauer mit ihren individuellen, kreativen Aktionen begeistert. Ihre Dribbelkünste, ihr traumwandlerisch sicherer Umgang mit dem Ball und ihr Ballgefühl sind es, die Fußballspiele – neben dem Toreerzielen – erst interessant machen.

Die Voraussetzung für erfolgreiche Dribblings ist das kontrollierte, sichere Führen des Balles. Deswegen steht das Ballführen vor allen anderen technischen Fertigkeiten.

Ballführen

Das Ballführen ist die Grundlage für alle technischen Fertigkeiten mit dem Fuß, denn seine Bewegungsabläufe entsprechen grundsätzlich auch denen beim Passen und Schießen. Das Führen des Balles mit der Fußinnenseite oder dem Außenspann ist prinzipiell nichts anderes als eine Aufeinanderfolge von vielen kleinen, weichen Pässen. Das Ballführen mit dem Spann ist wiederum nichts weiter als eine Abfolge von zahlreichen weichen, äußerst gefühlvollen, kurzen Spannstößen.

Der Ball wird mit der Innenseite oder dem Außenspann geführt, wenn man die Richtung ändern und den Ball abschirmen will. Müssen dagegen größere Strecken schnell überbrückt werden, führt man den Ball mit dem Spann oder dem Außenspann. Wichtig beim Ballführen ist, den Ball eng am Fuß zu führen, um ihn jederzeit kontrollieren zu können, den Laufrhythmus nicht zu verlieren und vor allem den Blick vom Ball zu lösen, um das Spielgeschehen beobachten zu können.

... mit dem Spann

Ballführen: mit der Innenseite

... mit dem Außenspann

Dribbling

Dribbling ist das zielgerichtete – sprich taktische – Anwenden des Ballführens im Spiel, das sich nach der jeweiligen Spielsituation richtet. Dabei können grundsätzlich vier Möglichkeiten unterschieden werden:

- Das ballhaltende Dribbling,
- das ballsichernde Dribbling,
- das Tempodribbling,
- das Dribbling zum Ausspielen eines Gegners.

Das ballhaltende Dribbling erfolgt beispielsweise beim Spielaufbau. Dabei wird versucht, Zweikämpfe zu vermeiden und das Spielverhalten von Mitspielern und Gegenspielern zu beobachten, um aus dieser verzögernden Spielweise weitere Spielhandlungen einzuleiten.

Das ballsichernde Dribbling dient dazu, den Ball gegen angreifende Gegner geschickt abzuschirmen, indem immer wieder der Körper zwischen Ball und Gegner gebracht wird. Dabei soll dem Gegner nicht ganz der „Rücken zugekehrt werden", da sonst dessen Bewegungen nicht mehr zu sehen sind. Der Ball sollte in sicherer Entfernung vom Gegner (je nach Situation eng mit Innenseite, Außenspann oder Sohle) kontrolliert werden.

Das Tempodribbling wird eingesetzt, wenn ein Raumgewinn wichtig und der Platz zum schnellen Überbrücken des Raumes vorhanden ist (zum Beispiel in Kontersituationen oder nach einem Steilpaß allein auf das gegnerische Tor zu). Der Ball wird in hohem Lauftempo mit dem Spann oder Außenspann vorwärts getrieben. Er muß auch hier kontrolliert geführt, kann aber der Spielsituation entsprechend weiter vorgelegt werden.

Ballsicherndes Dribbling

Das Dribbling zum Ausspielen eines Gegners ist ein wichtiges Angriffsmittel. Dabei wird der Gegenspieler durch Tricks oder Finten (wie Übersteiger, Schuß- und Paßfinte) ausgespielt. Wichtig sind eine enge, sichere Ballführung, möglichst wenig Blickkontakt zum Ball und ein richtiger Abstand zum Gegenspieler zu Beginn der Ausspielbewegung. Glaubhafte Täuschungsbewegungen sowie Tempowechsel, also plötzliche Antritte aus dem Stand oder langsamen Lauf, sind weitere wesentliche Kriterien.

Tempodribbling

Dribbling zum Ausspielen eines Gegners

Vom Passen und der Ballan- und -mitnahme zum Zusammenspiel

Wenn es auch häufig Einzelaktionen sind, die zu Toren führen, so würde es ohne ein Zusammenspielen aller Mannschaftsmitglieder erst gar nicht zu Torchancen kommen. Der „tödliche Paß in die Tiefe" (Uwe Bein), eine gekonnte An- und Mitnahme des Balles (Marco van Basten) oder der präzise gespielte Doppelpaß sind wichtige offensive Elemente, ohne die ein Fußballspiel erheblich an Reiz verlieren würde.

Das Zusammenspiel ist wichtig, um den Ball in den eigenen Reihen zu halten, um einen Angriff aufzubauen, die gegnerische Verteidigung auszuspielen oder Torchancen vorzubereiten und abzuschließen. Folgende Punkte sind bedeutsam:

◼ Das Erkennen einer Abspielmöglichkeit,
◼ das Anbieten und Freilaufen,
◼ das Passen,
◼ die Ballan- und -mitnahme.

Anbieten und Freilaufen sind wesentliche Elemente für ein erfolgreiches Zusammenspiel

Erkennen einer Abspielmöglichkeit

Ein Abspiel ist dann sinnvoll, wenn daraus ein Vorteil für die ballbesitzende Mannschaft entsteht. Der ballführende Spieler muß dazu den Blick vom Ball lösen und permanent seine Spielumgebung beobachten. Nur so kann er freie Mitspieler ausmachen und ihnen im richtigen Moment einen Paß zuspielen.

Durch Blickkontakt ...

Anbieten und Freilaufen

Ein ballführender Spieler kann nur dann abspielen, wenn sich seine Mitspieler freilaufen und zum Paß anbieten. Das bedeutet, daß diese sich von ihren Gegenspielern zum Beispiel durch einen schnellen Antritt wegbewegen und so dem ballführenden Spieler signalisieren, daß sie den Ball haben wollen. Ein Zuspiel kann also nur dann erfolgen, wenn vorher zumindest ein (kurzer) Blickkontakt zwischen ballführenden und ballfordernden Spielern stattfindet und sich die Ballfordernde nicht im Rücken der Gegner befindet, sondern sich von ihnen weg bewegt. Somit bestimmt nicht nur der Ballführende das Abspiel, sondern auch diejenigen, die angespielt werden wollen.

... wird vom ballführenden Spieler das Zuspiel gefordert

**Der Paß mit dem
Außenspann ...**

Passen

Der sicherste Paß ist der mit der Innenseite des Fußes. Hier ist die Trefffläche am größten, weshalb sich der Ball sehr gut kontrollieren läßt und so ein genaues Abspiel ermöglicht. Durch die auffällige Fußstellung lassen sich aber Paßrichtung und -zeitpunkt für den Gegner gut erkennen, wodurch ein Paß leicht abgefangen werden kann.

Ein Paß mit dem Außenspann ist dagegen für den Gegner viel schwerer zu erkennen, da er auch aus der Laufbewegung heraus ohne besondere Ausholbewegungen gespielt werden kann.

Beide Paßarten werden hauptsächlich für das Zuspiel über kürzere Distanzen benutzt. Sie gelingen nur, wenn das Fußgelenk im Moment des Ballkontaktes fixiert ist und das Standbein neben dem Ball steht. Bei größeren Distanzen wird der Ball überwiegend mit dem Spann beziehungsweise mit dem Innen- oder Außenspann gespielt (siehe hierzu auch Seite 42 f.).

**... eignet sich besonders für
das Zuspiel über größere
Distanzen**

Ballan- und -mitnahme

Im Gegensatz zum früher oft gelehrten Stoppen des Balles, bei dem der Ball ruhen sollte, unterscheidet sich die Ballan- und -mitnahme dadurch, daß der Ball gleich in einer fließenden, durchgehenden Bewegung in die gewünschte Spielrichtung mitgenommen wird.

Bei flach zugespielten Bällen bieten sich für die Ballan- und -mitnahme die Fußinnenseite und der Außenspann an, bei halbhohen Bällen eignen sich neben diesen auch Spann und Oberschenkel. Hohe Bälle werden dagegen mit der Brust oder mit dem Kopf angenommen. Wichtigstes Merkmal bei allen Formen der Ballan- und -mitnahme ist ein dem Ball Entgegengehen sowie eine nachgebende Bewegung im Moment des Ballkontaktes, damit der Ball nicht wegspringt. Genauso wie beim Passen muß bei allen Ballan- und -mitnahmetechniken mit dem Fuß das Fußgelenk fixiert sein.

... mit dem Außenspann

... mit dem Spann

Ballan- und -mitnahme:
mit der Brust ...

... mit dem Kopf

Tore erzielen

Ein 3:3-Unentschieden ist für alle, Spieler wie Zuschauer, ein befriedigenderes Erlebnis als ein torloses Spiel. Wie Tore erzielt werden, ist dabei häufig egal. Man kann mit der Spitze ebenso das entscheidende Tor schießen wie mit einem raffinierten Hackentrick, einem Fallrückzieher (Klaus Fischer) oder einem Flugkopfball. Neben einer guten Technik kommt es vor allem darauf an, die Situation schnell zu erfassen und optimal zu handeln (Gerd Müller). Ein am herausstürzenden Torwart vorbeigeschobener Ball ist daher oftmals effektiver als ein knallharter, aber weniger präziser Spannstoß.

Spannstoß

Die am meisten angewandte Form des Torschusses ist der Spannstoß. Mit dieser Technik kann man am härtesten schießen, deshalb eignet sie sich auch für Schüsse aus größeren Entfernungen. Spieler wie Lothar Matthäus oder Ronald Koeman sind mit Spannstößen häufig erfolgreich. Voraussetzungen für eine gute Technik sind ein leicht bogenförmiger Anlauf, das Stellen des Standbeines neben den Ball, den Oberkörper über den Ball zu bringen und das Fixieren des Fußgelenks. Variationen des Spannstoßes sind der Innen- und der Außenspannstoß. Mit diesen Techniken wird dem Ball eine leichte Rotation gegeben, so daß er trotz seiner hohen Geschwindigkeit einen leichten Bogen fliegt. Alle Spannstoßarten eignen sich daneben auch für weite Pässe.

Um Tore zu erzielen, muß man diese Techniken aber nicht nur aus dem Stand mit dem ruhenden Ball beherrschen, sondern sie ebenso im Spiel aus vollem Lauf und/oder unter Bedrängnis durch Gegenspieler anwenden können.

Folgende Techniken können beim Torschuß angewandt werden: ...

... Spannstoß

... Innenspannstoß

... Außenspannstoß   ... Innenseitstoß

Technisch-taktische Elemente

Effetstöße

Schüsse, bei denen der Ball durch Rotation eine bogenähnliche Flugbahn erhält, werden als Effetstöße bezeichnet. Sie werden bei Freistößen, Eckstößen sowie bei Pässen über Gegenspieler (oder um sie herum) eingesetzt.

Günther Netzer oder Michel Platini waren Spieler, die dem Ball durch einen Effetstoß eine nur schwer zu berechnende Flugbahn geben konnten und auf diese Weise unzählige Freistöße in gegnerischen Gehäusen „versenkten".

Wichtig bei der Ausführung dieser Schußtechniken ist, daß der Ball, gleichgültig ob er mit der Innenseite, dem Innen- oder Außenspann gespielt wird, nicht in seinem Zentrum, sondern etwas seitlich der Mitte getroffen wird. Der Fuß streicht quasi am Ball vorbei. Diese Schüsse sind zwar nicht so hart wie ein Spannstoß, aber ebenso wirkungsvoll. Auch hier muß das Standbein neben dem Ball stehen und das Fußgelenk fixiert sein, um eine optimale Ausführung zu gewährleisten.

Volleyschüsse

Muß ein Ball nach einer Flanke, Kopfballvorlage oder Abwehraktion direkt aus der Luft genommen werden, weil für den Angreifer keine Zeit zur Ballan- und -mitnahme bleibt, wird dieser häufig volley geschossen. Zu dieser Schußtechnik zählen auch der Hüftdrehstoß und der Fallrückzieher. So erzielte Tore sind oftmals spektakulär, jedoch ist das Risiko, den Ball zu verziehen, groß, da die Flugbahn des Balles exakt berechnet und der Ball genau in der Mitte getroffen werden muß. Man schießt zumeist mit dem Spann, das Fußgelenk muß dabei fixiert sein.

Fallrückzieher

Torabschuß durch einen Volleyschuß

Sprungkraft, Timing und Technik sind die wesentlichen Elemente beim Kopfballspiel

Tore mit dem Kopf erzielen

Hoch anfliegende Bälle bei Flanken von den Flügeln, bei Eckstößen oder bei Freistößen werden sehr oft mit dem Kopf gespielt. Daher kommt dem Kopfballspiel eine wichtige Rolle beim Toreerzielen zu. Neben guter Sprungkraft und Technik ist hier vor allem das Timing wichtig, das heißt, im richtigen Moment abzuspringen, um den Ball optimal treffen zu können. Bestes Beispiel für gute Kopfballtechnik ist Karl-Heinz Riedle, der alle diese Fähigkeiten besitzt. Kopfballtore werden erzielt, indem der Ball mit der Stirn wuchtig ins Tor gestoßen, aber auch, indem dem Ball eine leichte, aber entscheidende Richtungsänderung, gegeben wird.

Ein fester Kopfstoß muß mit entsprechendem Schwung ausgeführt werden, indem man mit dem Oberkörper erst rückwärts ausholt (Bogenspannung) und ihn dann zum Treffen des Balles nach vorne schnellt. Der Ball wird mit der Stirn getroffen, die Nackenmuskulatur ist dabei angespannt.

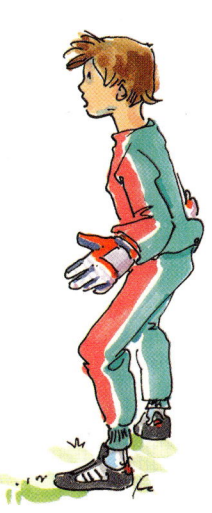

Der Verteidiger köpft den Ball aus der Gefahrenzone

Technisch-taktische Elemente

44
45

Torwartspiel

Die Torwartleistung allein kann sowohl im positiven als auch negativen Sinne ein Spiel entscheiden. Glanzvolle Paraden, hohe Fangsicherheit, schnelle Reaktionen, gutes Stellungsspiel und zielstrebiges Einleiten eines neuen Angriffs tragen wesentlich zum Erfolg einer Mannschaft bei. Umgekehrt kann ein einziger Fehler für das Team die Niederlage bedeuten. Entsprechend den hohen technischen und taktischen Anforderungen und der Sonderstellung der Position – der Torwart darf als einziger den Ball mit der Hand spielen – muß die Torwartschulung einen breiten Raum im Kinder- und Jugendtraining einnehmen. Das Spiel selbst fordert vom Torwart verschiedene Techniken, um auf Torschüsse unterschiedlicher Härte und Höhe sowie auf Flanken in den Strafraum erfolgreich reagieren zu können.

Einen flachen, direkt auf den Körper geschossenen Ball nimmt der Torwart gebückt mit geschlossenen Beinen auf. Dabei gehen die Hände dem Ball mit den Handinnenflächen und gespreizten Fingern entgegen. Die Fingerspitzen zeigen nach unten. Sobald die Hände Ballkontakt haben, werden die Arme schnell nach hinten oben zum Körper gezogen. Gleichzeitig wird der Oberkörper aufgerichtet und der Ball an der Brust gesichert.

Bei nassem Boden oder einem sehr scharf geschossenen Ball empfiehlt es sich, langgestreckt nach vorne „in den Ball hineinzuhechten". Der gesamte Körper kommt dabei hinter und über den Ball und stellt dadurch eine große Abwehrfläche dar. Wichtig ist, daß man nicht auf den Ellbogen, sondern den Unterarmen landet und nicht auf die Knie fällt.

Kommt ein Ball flach seitlich aufs Tor, bringt der Torwart seinen Körper mit kurzen Seitwärtsschritten hinter den Ball und nimmt ihn dann wie oben beschrieben auf.

Bei einem halbhoch, direkt auf den Körper, geschossenen Ball geht der Torwart diesem möglichst einige Schritte entgegen. Seine Hände legen sich nach vorne gestreckt von unten um den Ball und ziehen ihn zur Sicherung schnell an die Brust.

Kommt der Ball halbhoch seitlich, versucht der Torwart, mit einigen Seitwärtsschritten hinter den Ball zu gelangen, der dann wie oben beschrieben gefangen wird.

Bei einem flachen oder halbhohen Schuß knapp außerhalb der Reichweite des Torwarts muß dieser, wenn er keine Zeit mehr hat, den Ball zu erlaufen, versuchen sich zur Seite zu werfen und den Ball noch im Fallen zu erreichen. Dabei drückt er sich mit oder ohne Auftaktschritt immer mit dem ballnahen Bein ab. Beim Fangen geht die untere Hand hinter, die obere zur Absicherung schräg über den Ball. Dieser wird so schnell wie möglich am Körper gesichert. Die Landung erfolgt in der Reihenfolge Unter-, Oberschenkelaußenseite, seitlicher Rumpf, Oberarmaußenseite. Bei der Landung sollte man nicht auf den Bauch fallen oder auf den Rücken kugeln. Zur Vermeidung von Verletzungen müssen die Ellbogen vor dem Körper sein. Man sollte immer mit Blick auf das Spielgeschehen und ohne Abstützen auf Hände oder Ball aufstehen.

Durch Zur-Seite-fallen wird der Ball noch erreicht

Ein flach, halbhoch oder hoch in die Torecke geschossener Ball, der durch einfaches „Zur-Seite-fallen" nicht gehalten werden kann, muß durch Hechten erreicht werden. Dies erfolgt aus einem kräftigen Absprung mit dem ballnahen Bein. Da die Landung nun aus größerer Höhe erfolgt, wird der Körper über die Außenseite des Unterarmes der Sprungseite, dann über Oberarm-, Rumpf-, Oberschenkel- und Unterschenkelaußenseite abgefangen. Dabei sollte man sich nicht auf dem Ball abstützen und auch nicht auf Bauch oder Rücken fallen. Die Ellbogen müssen bei der Landung vor dem Körper sein.

In die Torecken geschossene Bälle werden durch Hechten erreicht

Beim Hechten nach einem über Schulterhöhe geschossenen Ball kann durch Übergreifen der oberen Hand in der Diagonalen eine noch größere Reichweite erzielt werden. In diesem Fall ist nur noch ein Ablenken oder Wegfausten des Balles seitlich oder über das Tor möglich. In allen Fällen muß der Sprung immer geradlinig zum Ball erfolgen, denn bei einer bogenförmigen Flugbahn geht auf dem Weg zum Ball wertvolle Zeit verloren.

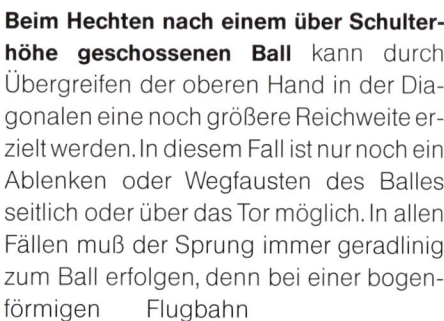

Eine **Faustabwehr** wird ein Torwart immer dann anwenden, wenn er behindert wird (er sich beispielsweise in einer Spielertraube befindet) und er den Ball nicht sicher fangen kann. Bei Bällen über einer Spielertraube kann er beidhändig, bei Bällen kurz vor einer Spielertraube einhändig mit der ballnahen Hand fausten. In beiden Fällen stoßen die Arme /stößt der Arm, sobald der Ball in Reichweite ist, blitzschnell vor und fausten/faustet ihn von der Angriffsrichtung weg in den freien Raum. Sowohl bei der ein- als auch bei der beidhändigen Faustabwehr befindet/befinden sich der/die Daumen oben auf der Hand/auf den Händen, und der Ball wird mit den ersten Fingergliedern getroffen.

Beim Abfangen einer Flanke springt man
mit aktivem Schwungbeineinsatz ...

... vom ballnahen
Bein ab

Das Abfangen einer Flanke erfolgt nach einem möglichst geraden Anlauf mit Absprung auf dem ballnahen Bein. Der aktive Schwungbeineinsatz bietet zusätzlich Schutz (gegen angreifende Spieler) und ermöglicht eine sichere Landung auf dem Sprungbein. Die Hände werden dem Ball weit nach oben oder schräg vorne entgegengestreckt. Die Daumen und Zeigefinger bilden ein Dreieck unter dem Ball, die übrigen Finger umschließen diesen seitlich. Haben die Hände Ballkontakt, werden die Arme zum Körper gezogen, der Ball wird an der Brust gesichert.

FUSSBALLTRAINING MIT KINDERN

Übungs- und Spielformen

- **Schulung wichtiger koordinativer Fähigkeiten**

- **Vom Ballführen zum Dribbling**

- **Vom Passen und der Ballan- und -mitnahme zum Zusammenspiel**

- **Tore erzielen**

- **Kopfballspiel**

Schulung wichtiger koordinativer Fähigkeiten

Um eine positive sportliche Leistungsentwicklung zu gewährleisten, muß man über ein breitgefächertes Repertoire an koordinativen Fähigkeiten verfügen. Daher werden im Kindertraining die fußballspezifischen Inhalte zugunsten von Spiel- und Übungsformen zur Schulung wichtiger koordinativer Fähigkeiten reduziert.

Übungsformen

Koordinationsübungen mit Ball sollten fester Bestandteil jedes Kindertrainings sein. Durch sie lernen die Kinder das Roll-, Sprung- und Flugverhalten des Balles einzuschätzen beziehungsweise vorauszuberechnen (Orientierungs- und Antizipationsfähigkeit) und entwickeln das für das Erlernen der Fußballtechniken so wichtige Ballgefühl (Differenzierungsfähigkeit). Die Übungsformen, die von Kindern häufig als kleine Kunststücke empfunden werden, machen ihnen viel Spaß und motivieren sie, im Training oder auch einmal zu Hause etwas mit dem Ball auszuprobieren. Sie eignen sich besonders gut für den einleitenden Trainingsabschnitt, müssen jedoch entsprechend dem Leistungsstand der Kinder sorgfältig ausgewählt werden. Sie sollten gleichmäßig mit der linken und rechten Hand beziehungsweise mit dem linken und rechten Fuß und mit unterschiedlich großen und schweren Bällen (keine Medizinbälle!) durchgeführt werden. Hierbei dürfen Dauer und Anzahl der Übungsformen die Konzentrationsfähigkeit der Kinder nicht überfordern.

Einzelübungen mit rollendem Ball
(In Bewegung, jedes Kind hat einen Ball)

Verschiedene Aufgabenstellungen:
- Den Ball mit der Hand/dem Fuß leicht nach vorn spielen, nachlaufen, ihn einholen und mit verschiedenen Körperteilen (dem Unterarm/Schienbein/Gesäß/Kopf usw.) anhalten
- Den Ball mit der Hand/dem Fuß leicht nach vorn spielen, am Ball vorbeilaufen und ihn, frontal zum Ball stehend, aufnehmen usw.
- Den Ball mit der Hand/dem Fuß leicht nach vorn spielen, nachlaufen, ihn einholen und in Laufrichtung einhändig aufnehmen, Handwechsel und wieder nach vorne spielen
- Den Ball mit der Hand/dem Fuß leicht nach vorn spielen, am Ball vorbeilaufen, ihn von hinten durch die Beine rollen lassen und einhändig aufnehmen
- Den Ball mit der Hand/dem Fuß leicht nach vorn spielen, am Ball vorbeilaufen und ihn im Sitzen/Knien/Liegen usw. einhändig aufnehmen
- Den Ball mit der Hand/dem Fuß leicht nach vorn spielen, am Ball vorbeilaufen und ihn (frontal zu ihm stehend) mit dem Fuß anlupfen und mit einer Hand aufnehmen

Einzelübungen mit rollendem Ball

(In Bewegung, jedes Kind hat zwei Bälle)

Verschiedene Aufgabenstellungen:
- Die Bälle gleichzeitig mit der Hand vorrollen, nachlaufen und aufnehmen und mit einem Richtungswechsel wieder vorrollen
- Einen Ball mit der Hand vorrollen, mit dem anderen Ball am Fuß den vorgerollten Ball einholen/einmal umkreisen/berühren, ihn aufnehmen und wieder vorrollen
- Einen Ball mit Hand/Fuß vorrollen, per Hand mit dem anderen Ball versuchen, den vorgerollten Ball zu treffen
- Einen Ball mit Hand/Fuß vorrollen, per Fuß mit dem anderen Ball versuchen, den vorgerollten Ball zu treffen

Partnerübungen mit rollendem Ball

(Jedes Kind hat einen Ball)

Verschiedene Aufgabenstellungen:
- Die Partner rollen sich die Bälle gleichzeitig mit der Hand zu
- Die Partner rollen sich gleichzeitig die Bälle zu und halten den zugerollten Ball mit verschiedenen Körperteilen (Unterarm, Gesäß, Knie usw.) an
- Ein Partner spielt den Ball immer fordernd (absichtlich ungenau) zu, der andere spielt immer genau zu (nur mit der Hand/nur mit dem Fuß) oder abwechselnd mit Hand und Fuß)
- Forderndes Zuspielen des Balles von beiden (nur mit der Hand/nur mit dem Fuß oder abwechselnd mit Hand und Fuß)

Einzelübungen mit springendem Ball

(Im Stand, jedes Kind hat einen Ball)

Verschiedene Aufgabenstellungen:
- Den Ball über den Kopf nach hinten unten fallen lassen und ihn nach einmaligem Aufspringen hinter dem Körper auffangen
- Den Ball mit den Händen von vorne durch die Beine nach hinten prellen, hinter dem Körper auffangen, ihn wieder durch die Beine nach vorne prellen und auffangen
- Den Ball hochwerfen/-schießen/fest aufprellen, unter dem Ball durchlaufen, ihn hinter dem Rücken aufspringen lassen, unter dem Ball nach hinten durchgehen und ihn vor dem Körper auffangen

Einzelübungen mit fliegendem Ball

(Im Stand, jedes Kind hat einen Ball)

Verschiedene Aufgabenstellungen:
- Den Ball ein-/beidhändig von hinten durch die Beine spielen und auffangen
- Den Ball ein-/beidhändig von vorne durch die Beine spielen und auffangen
- Den Ball am gestreckten linken/rechten Arm nach hinten halten, ihn fallen lassen, sich zur entgegengesetzten Seite drehen, Ball auffangen

Einzelübungen mit fliegendem Ball
(In Bewegung, jedes Kind hat einen Ball)

Verschiedene Aufgabenstellungen:
- Den Ball hochwerfen/-schießen, mit den Händen den Boden berühren und den Ball vor dem Körper auffangen
- Den Ball mit einer Hand hochwerfen und mit der anderen Hand (ohne das Lauftempo zu verändern) auffangen (kurz vor dem Boden, in möglichst großer Höhe)
- Den Ball nach kurzem Anwerfen/Hochwerfen/-schießen mit Unterarm/Oberschenkel/Kopf usw. hochspielen und (ohne das Lauftempo zu verändern) auffangen
- Den Ball nach kurzem Anwerfen/Hochwerfen/-schießen mit Unterarm, Oberschenkel, Kopf usw. hochspielen (ohne das Lauftempo zu verändern), nach ein- (linkes, rechtes Bein) /beidbeinigem Absprung in der Luft (vor der Brust/am höchsten Punkt/neben dem Körper) auffangen
- Den Ball hochwerfen/-schießen und hinter dem Rücken (ohne das Lauftempo zu verändern) auffangen, um die Hüfte nach vorne führen und wieder hochspielen
- Den Ball hochwerfen/-schießen und hinter dem Rücken (ohne das Lauf-

tempo zu verändern) auffangen, den Ball von hinter dem Rücken über den Kopf nach vorne werfen und wieder auffangen
- Den Ball nach kurzem Anwerfen/Hochwerfen/-schießen mit Unterarm, Oberschenkel, Kopf usw. hochspielen (ohne das Lauftempo zu verändern), nach einer ganzen Körperdrehung/einer Rolle vorwärts mit einer Hand (kurz vor dem Boden, am höchsten Punkt) auffangen

Partnerübungen mit fliegendem Ball
(In Bewegung, die Partner haben zusammen einen Ball)

Verschiedene Aufgabenstellungen:
- Der Partner läuft ohne Ball vornweg, der andere läuft in geringem Abstand hinterher. Den Ball über den Partner werfen/mit dem Fuß spielen, den Partner überholen und den Ball (ohne/nach ein-/zweimaligem Aufspringen) auffangen
- Der Partner läuft ohne Ball vornweg, der andere läuft in geringem Abstand hinterher. Den Ball über den Partner werfen/mit dem Fuß spielen, den Partner überholen, einmal umkreisen und den Ball (ohne/nach ein-/zweimaligem Aufspringen) auffangen
- Der Partner läuft ohne Ball vornweg, der andere läuft in geringem Abstand hinterher. Den Ball über den Partner werfen/mit dem Fuß spielen, einen Bocksprung über den Partner ausführen und den Ball (ohne/nach ein-/zweimaligem Aufspringen) auffangen
- Der Partner läuft ohne Ball vornweg, der andere läuft in geringem Abstand hinterher. Den Ball über den Partner werfen/mit dem Fuß spielen, durch die gegrätschten Beine des Partners krabbeln und den Ball (ohne/nach ein-/zweimaligem Aufspringen) auffangen

Vorbereitende und koordinative Übungen für das Torwartspiel

Grundsatz für die Schulung des Torwartspiels im Kindertraining: Der Torwart darf keine schwache Seite entwickeln. Deswegen wird der Beidhändigkeit (es soll gleichmäßiges Ballgefühl in rechter und linker Hand entwickelt werden), der Beidfüßigkeit (es soll gleich gut mit linkem und rechtem Bein abgesprungen werden können) sowie der gleich guten Bewegungsfähigkeit nach links und rechts insgesamt besondere Beachtung geschenkt. Die Beidseitigkeit ist die Voraussetzung, die technisch-taktischen Anforderungen des Torwartspiels im Jugend- und Seniorenbereich meistern zu können. Im Kindertraining werden die einzelnen Techniken durch reduzierte, grundlegende Bewegungsformen spielerisch eingeführt. Aufbauend auf diesen werden die Techniken selbst in allen Spielformen zum Toreerzielen und dem Wettspiel entwickelt.

Im Sinne einer umfassenden Ausbildung werden alle Spieler im Torwartspiel geschult und auch abwechselnd im Wettkampf auf dieser Position eingesetzt. Die Feldspieler erhalten hierdurch einen Einblick in die spezifischen Anforderungen des Torwartspiels. Der Trainer kann *alle Spieler* beim Torwartspiel beobachten und mit Beginn der Spezialisierung – frühestens von den D-Junioren an – dann den am besten Geeigneten und Motivierten mit dieser Aufgabe betreuen.

Alle Übungen werden wechselweise mit der linken und rechten Hand, zur linken und rechten Seite und mit Links- und Rechtsdrehung durchgeführt.

Absprünge erfolgen ebenfalls immer wechselweise mit linkem oder rechtem Bein. Beim Aufstehen mit Ball nicht auf diesem oder einer Hand abstützen. Das Aufstehen ohne Ball erfolgt ebenfalls ohne Handunterstützung. Beide Hände bleiben dadurch für eventuell notwendige Abwehrmaßnahmen frei, wie es die Schuß-Nachschuß-Situation im Spiel oft fordert.

Rollball

Alle Kinder befinden sich mit einem Ball in einem abgegrenzten Feld. Den Ball abwechselnd mit rechter/linker Hand oder beidhändig kreuz und quer durch das abgesteckte Feld rollen. Dabei den Ball auch von hinten oder vorne durch die gegrätschten Beine spielen.

Variation:
● Ball des Partners berühren oder wegstoßen (Wettkampfform)

Basketballdribbling

Alle Kinder befinden sich mit einem
Ball in einem abgegrenzten Feld. Im
Basketballdribbling den Ball mit
rechter und linker Hand kreuz und
quer im Feld prellen. Dabei den
Ball um den Körper/durch die
Beine prellen, nach jedem er-
sten/zweiten usw. Prellen die
Hand wechseln. Prellen mit verschiedenen Laufformen: Hop-
ser-, Seitwärts-, Rückwärts-,
Zickzacklauf usw. Unter-
schiedliche Dribbelhöhen
fordern.

Basketballdribbling

Variation:
- Ball des Partners mit der Hand berühren oder wegstoßen (Wettkampfform)

Jonglierfaust

Alle Kinder befinden sich mit einem Ball in
einem abgegrenzten Feld. Den Ball durch
ein- oder beidhändiges Fausten über
Kopfhöhe jonglieren. Unterschiedliche
Jonglierhöhen fordern.

Variation:
- Bei hochgefaustetem Ball schnelle
  Drehung unter dem Ball (links- oder
  rechtsherum), weiter jonglieren

Ball im Rücken

Alle Kinder befinden sich mit einem Ball in
einem abgegrenzten Feld. Den Ball im
Stand (Gehen/Traben/Laufen/Springen)
über den Kopf nach hinten werfen/bezie-
hungsweise schießen und ihn mit beiden
Händen hinter dem Rücken fangen. Den
Ball nach vorne bringen und wieder über
den Kopf spielen usw.

Variation:
- Den Ball vor dem Körper aufprellen, unter dem Ball durchgehen, ihn hinter
  dem Rücken auffangen

Jonglierfaust

Dreh-/Sprungball

Dreh-/Sprungball

Alle Kinder befinden sich mit einem Ball in einem abgegrenzten Feld. Den Ball beidhändig vor dem Körper hochwerfen. Abwechselnd eine ganze Drehung links- oder rechtsherum und den Ball vor dem Körper im Stand oder Sprung fangen.

Variationen:
- Den Ball aufprellen (hochschießen)
- Wurf- und Prellhöhen ständig variieren
- Fangen des Balles mit gestreckten Armen überkopf
- Fangen des Balles nach Bodenkontakt der Hände
- Fangen des Balles nach Rolle vorwärts

Abrollen aus der Sitzposition

Jedes Kind in Sitzposition mit einem Ball. Den Ball ein- oder beidhändig seitlich vom Körper aufprellen und durch Abrollen über die Rumpfaußenseite beidhändig seitlich fangen. Nicht auf dem Ball abfangen. Zurück in die Ausgangsstellung, ohne sich auf Hand oder Ball abzustützen.

Variationen:
- Vor dem Fangen des Balles muß der Boden entgegengesetzt zur Aufprellseite mit einer oder beiden Händen berührt werden
- Prellhöhe des Balles ständig variieren

Fallen lernen aus der Knieposition

Jedes Kind in der Knieposition mit einem Ball. Den Ball ein- oder beidhändig seitlich vom Körper aufprellen und durch Zur-Seite-werfen beidhändig seitlich fangen, dabei über die Oberschenkel- und Rumpfaußenseite abrollen und seitlich zum Liegen kommen. Nicht auf dem Ball abfangen. Zurück in die Ausgangsstellung, ohne auf Hand oder Ball abzustützen.

Variationen:
- Vor dem Fangen des Balles muß der Boden entgegengesetzt zur Aufprellseite mit einer oder beiden Händen berührt werden
- Prellhöhe des Balles ständig variieren

Abrollen aus der Sitzposition

Fallen und Hechten lernen aus der mittleren oder hohen Hocke

Jedes Kind in der vorgegebenen Hockposition mit einem Ball. Den Ball ein- oder beidhändig seitlich vom Körper aufprellen und durch Fallen oder Nachhechten beidhändig seitlich fangen. Dabei über die Unterschenkel-, Oberschenkel- und Rumpfaußenseite abrollen und seitlich zum Liegen kommen. Nicht auf dem Ball abfangen. Zurück in die Ausgangsstellung, ohne auf Hand oder Ball abzustützen.

Hinweis: Im gesamten Trainingsbetrieb sollte auf Übungen aus der tiefen Hocke wegen der Extrembelastung für das Kniegelenk verzichtet werden!

Variationen:
- Vor dem Fangen des Balles muß der Boden entgegengesetzt zur Aufprellseite mit einer oder beiden Händen berührt werden
- Prellhöhe des Balles ständig variieren

Fangspiele zur Schulung koordinativer Fähigkeiten

Fangspiele ohne Ball sind nicht nur zur Schulung koordinativer Fähigkeiten gut geeignet, sie sind ebenso die ideale Trainingsform zur Verbesserung der Schrittfrequenz und der Reaktionsschnelligkeit. Zudem bilden viele der hier geforderten Ausweich- und Täuschungsbewegungen die Grundlage für das Erlernen von Tricks und Finten.

Fangspiele besitzen für Kinder einen hohen Aufforderungscharakter. Sie kommen ihrem natürlichen Spiel- und Bewegungsbedürfnis entgegen, zudem haben Kinder große Freude an schnellen Bewegungen. Fangspiele sollten im einleitenden Trainingsteil eingesetzt werden. Dabei ist auf eine der Spielerzahl entsprechende Spielfeldgröße und auf einen regelmäßigen Wechsel der Fänger zu achten.

Durchrollen
unter dem Ball

Durchrollen unter dem Ball

Jedes Kind in der Sitzposition mit einem Ball. Den Ball ein- oder beidhändig seitlich vom Körper aufprellen. Zur Prellseite um die Körperlängsachse unter dem Ball durchrollen und den Ball vor dem Körper auffangen.

Schwänzchen fangen

Alle Kinder bewegen sich in einem abgegrenzten Feld. Sie haben sich ein Parteiband so hinten in die Hose gesteckt, daß es wie ein „Schwänzchen" heraushängt. Nach einem Startsignal sind alle Kinder gleichzeitig Jäger und Gejagte. Ziel ist es,

Schwänzchen fangen

den anderen Kindern die „Schwänzchen" zu entwenden und dabei das eigene nicht zu verlieren.

Sieger ist derjenige, der am Ende die meisten Schwänzchen erobert hat.

Als Alternative zu Parteibändern oder -hemden können auch Wäscheklammern an das Trikot geklemmt werden.

Variationen:

- Die eroberten Schwänzchen müssen ebenfalls hinten in die Hose gesteckt werden
- Das Spiel kann auch als Mannschaftswettkampf durchgeführt werden. Welche Mannschaft besitzt am Ende die meisten Schwänzchen?

Paarfangen

Zwei Kinder bilden ein Paar, indem sie sich an den Händen festhalten und versuchen, in einem abgegrenzten Feld die anderen Kinder abzuschlagen. Wer abgeschlagen ist, wird ebenfalls zum Fänger und reiht sich ein. Vom vierten Fänger an wird die Fängerreihe in zwei Paare unterteilt.

Freiklammern

Alle Kinder befinden sich in einem abgegrenzten Feld. Ein oder mehrere Fänger versuchen, die anderen Kinder abzuschlagen. Die können sich retten, indem sie kurzzeitig mit einem Mitspieler ein Paar (durch Handfassen, Umarmen) bilden. Wer abgeschlagen wird, ist der nächste Fänger.

Vom Ballführen zum Dribbling

In den folgenden Übungs- und Spielformen lernen die Kinder die verschiedenen Techniken des Ballführens, wie das Führen mit dem Spann, dem Außenspann und der Innenseite. Um das hierfür erforderliche Ballgefühl optimal und beidfüßig zu entwickeln, ist auf den gleichmäßigen Einsatz des linken und rechten Fußes sowie auf die Verwendung verschieden großer und schwerer Bälle (keine Medizinbälle o. ä.!) zu achten. Zudem sollen die Kinder von Anfang an lernen, beim Führen des Balles möglichst oft den Blick vom Ball zu lösen, um die Spielumgebung zu beobachten.

Das zielgerichtete Anwenden des Ballführens, das Dribbling, ist eines der wichtigsten Angriffsmittel im Fußball. Besonders Kindern bereitet es viel Spaß, einen Gegner zu täuschen und auszuspielen. Wie beim Ballführen ist auch beim Dribbling auf eine beidfüßige Beherrschung des Balles mit möglichst wenig Blickkontakt zum Ball zu achten.

Fangspiele, die mit dem Ball am Fuß durchgeführt werden, sind zur Schulung des Dribblings besonders gut geeignet und sehr motivierend. Ballführen in hohem und höchstem Tempo, Richtungsänderungen und Täuschungsbewegungen mit Ball bei gleichzeitiger Wahrnehmung der Spielsituation werden hier in spielerischer Form erlernt und geübt.

Ballführen – Übungsformen

Zahlen, Buchstaben und Figuren laufen

Alle Kinder führen ihren Ball in einem abgegrenzten Feld. Nach Aufruf oder Zeigen einer Zahl/eines Buchstabens oder einer Figur versuchen sie, diese auf dem Rasen nachzulaufen.

Variationen:
- Aneinanderreihen verschiedener Aufgabenstellungen
- Zweier- oder Dreiergruppen bilden, in denen immer ein Kind die Rolle des Ansagers oder Anzeigers übernimmt

Zahlen zeigen

Alle Kinder bewegen sich paarweise mit jeweils einem Ball in einem abgegrenzten Feld. Ein Kind zeigt Zahlen, die das andere, während es den Ball führt, erkennen muß.
Die Zahlen werden mit den Fingern einer oder beider Hände angezeigt.

Variationen:
- Erschweren kann man das „Lesen", indem man die Zahlen so zeigt, daß sie erst nach dem Umlaufen des Partners zu erkennen sind

Zahlenspiel

Alle Kinder führen ihren Ball in einem abgegrenzten Feld. Auf Rufen oder Anzeigen einer Zahl versuchen sie, sich möglichst schnell in dieser Zahl entsprechend großen Gruppen zusammenzufinden. Die einzelnen Gruppen fassen sich an die Hände, bilden einen Kreis und spielen ihre Bälle im Kreis hin und her.

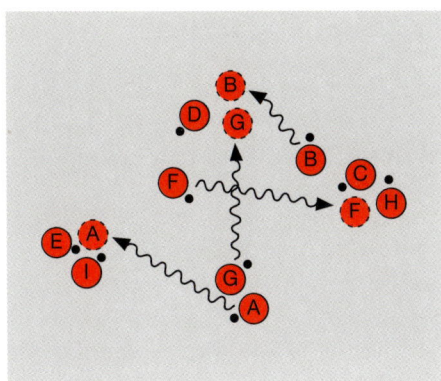

Zahlenspiel

Autodrom

Alle Kinder führen ihren Ball in einem abgegrenzten Feld. Jedes Kind „spielt Auto",
das verschiedene Gänge zur Verfügung
hat. Der Trainer gibt durch Rufen oder Zeigen die Gänge an. Je nach Gang ist das
Tempo des Ballführens unterschiedlich
hoch. Schnelle Gangwechsel erhöhen die
Anforderungen.

Variation:

● Sind nicht für alle Kinder ausreichend
Bälle vorhanden, bekommt nur die
Hälfte einen Ball, und die Kinder ohne
Ball sind die Fußgänger. Diese erhöhen
beziehungsweise verringern ihre Ge-
schwindigkeit ebenfalls bei jedem
Gangwechsel.
Auf ein Kommando müssen die Kinder
ihre Rollen wechseln.

Zonenwechselspiel

Alle Kinder führen ihren Ball in einem abgegrenzten Feld, das in drei Zonen eingeteilt ist. Auf ein optisches oder akustisches
Signal müssen die Zonen nach unterschiedlichen Aufgabenstellungen gewechselt werden (alle in die obere/mittle-
re/untere Zone, den Ball in der mittleren
Zone ablegen und in die untere Zone
laufen etc.).

Variationen:

● Es werden zwei Mannschaften gebil-
det, die gegeneinander spielen. Mögliche Aufgabenstellungen: Welche
Mannschaft ist am schnellsten vollstän-
dig in der Zone der anderen Mannschaft, welche Mannschaft hat am
schnellsten den Ball in der gegnerischen Zone abgelegt und ist wieder zurück in der eigenen Zone usw.

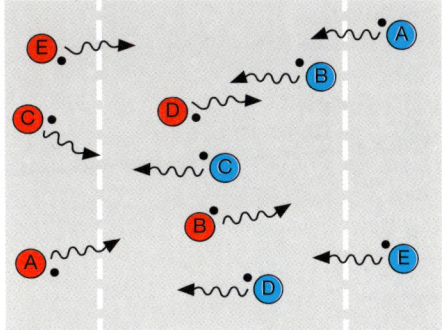

Zonenwechselspiel

● Die Zonenwechsel werden durch Markierungshütchen, die umlaufen werden
müssen, oder durch Verengung der
Mittelzone erschwert

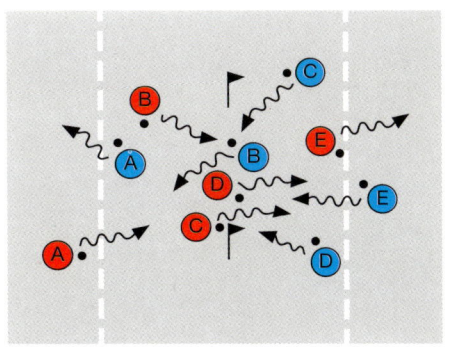

Zonenwechselspiel (Variation)

Ballwechselspiel

Alle Kinder führen ihren Ball in einem abgegrenzten Feld. Auf ein optisches oder akustisches Signal (Handzeichen oder Pfiff) halten alle Kinder ihren Ball an, suchen sich einen anderen und führen diesen weiter.

Variation:
● Gespielt wird mit einem Ball weniger, als Kinder da sind, so daß nach jedem Durchgang ein Kind ohne Ball bleibt, das dann das nächste Kommando gibt

Bälle wegspielen

Alle Kinder führen ihren Ball in einem abgegrenzten Feld. Sie versuchen, bei gleichzeitiger Sicherung des eigenen Balles, anderen Kindern ihren Ball wegzuspielen.

Variation:
● Der Ball wird nicht weggespielt, sondern „geklaut" und muß zusätzlich mitgeführt werden

Dribbling – Fangspiele

Verzaubern und Erlösen

Alle Kinder führen ihren Ball in einem abgegrenzten Feld. Etwa ein Viertel der Kinder sind die Zauberer, die versuchen, die anderen Kinder abzuschlagen. Wer berührt wird, ist verzaubert, muß stehenbleiben, den Ball in die Hand nehmen und die Beine grätschen. Erlöst werden kann er, indem ein Mitspieler seinen Ball durch die gegrätschten Beine spielt.

Variationen:
● Andere Möglichkeiten des Erlösens (durch die Beine krabbeln, einmal um den Verzauberten herumdribbeln etc.)

Verzaubern und Erlösen

Fangspiel mit Ruhestationen

Schwarzer Mann

Alle Kinder stehen auf ihrem Ball an der Grundlinie eines abgegrenzten Feldes. Auf Zuruf des Schwarzen Mannes versuchen alle, mit dem Ball am Fuß die Seite zu wechseln. Der Schwarze Mann (als einziger ohne Ball) versucht, die anderen Kinder beim Wechseln der Seiten abzuschlagen. Wer berührt worden ist, legt seinen Ball zur Seite und hilfe dem Schwarzen Mann beim Fangen.

Fangspiel mit Ruhestationen

Alle Kinder führen ihren Ball in einem abgegrenzten Feld. Wächter (Fänger) versuchen, die anderen Kinder zu berühren. Im Feld stehen Markierungshütchen als Ruhestationen. Wer rechtzeitig ein Hütchen erreicht, darf nicht abgeschlagen werden. Es darf sich jedoch nur ein Kind an einer Station ausruhen. Kommt ein zweites hinzu, muß das zuerst gekommene die Ruhestation verlassen. Wer abgeschlagen wird, tauscht mit dem Wächter die Rolle.

Variationen:
- Das Spiel wird mit festen Wächtern gespielt, wer abgeschlagen ist, wird ebenfalls zum Wächter

- Es werden größere Ruhezonen an den Längsseiten des Spielfeldes eingerichtet, in denen sich eine vorher festgelegte Anzahl von Kindern aufhalten darf

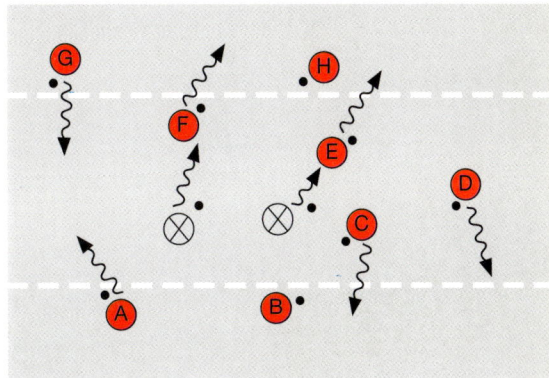

Fangspiel mit Ruhezonen an den Längsseiten

Jägerball

Alle Kinder (Hasen und Jäger) führen ihren Ball in einem abgegrenzten Feld. Etwa ein Viertel der Kinder sind Jäger, die zusätzlich zum Ball am Fuß noch einen Softball in der Hand halten. Mit diesem versuchen sie, die Hasen abzuwerfen. Wird ein Hase von dem Softball getroffen, tauscht er mit dem Jäger die Rolle.

Dribbling – Spielformen

Tore durchdribbeln mit Störspielern

Alle Kinder stehen mit einem Ball im Mittelkreis eines Spielfeldes, in dem mehrere Hütchentore stehen. Die Kinder versuchen nach einem Startsignal, gegen besonders gekennzeichnete Störspieler (ohne Ball) eines der Tore zu durchdribbeln. Anschließend kehren sie zum Mittelpunkt zurück und starten zum nächsten Tor usw. Ein Tor darf nicht zweimal hintereinander durchdribbelt werden. Wenn ein Störspieler ein Kind oder dessen Ball auf dem Weg zum Tor berührt

hat, muß dieses erst wieder zum Mittelpunkt zurück. Sieger ist derjenige, der nach einer bestimmten Zeit die meisten Tore durchdribbelt hat.

Variationen:

- Das Spiel kann auch als Mannschaftswettkampf gespielt werden: Welche Mannschaft durchdribbelt am schnellsten alle Tore?
- Wer vom Störspieler berührt wird, tauscht mit ihm die Rolle
- Wer vom Störspieler den Ball abgenommen bekommt, tauscht mit ihm die Rolle

Tore durchdribbeln mit Störspielern

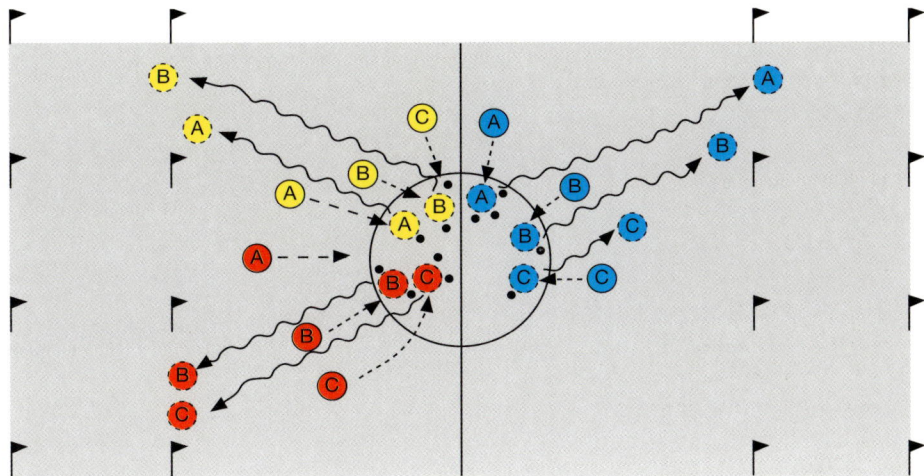

Bälle sammeln

Bälle sammeln

Vier Mannschaften spielen in einem großen Feld gegeneinander. Jede der Mannschaften hat in einer Ecke ihr Viereck. In der Mitte des Feldes liegen alle Bälle. Nach einem Startsignal laufen alle Mannschaften los und versuchen, innerhalb eines bestimmten Zeitraumes so viele Bälle wie möglich in ihr Feld zu dribbeln und dort zu sammeln.

Variationen:
● Die ballbesitzenden Kinder können angegriffen werden, solange sie nicht in ihrem Viereck sind
● Die in den Vierecken gesammelten Bälle können von den anderen Mannschaften weggedribbelt werden

Spiel 1:1/2:2 auf kleine Tore

Zwei Kinder spielen in einem kleinen Feld gegeneinander auf kleine Tore. Bei großen Spielerzahlen und wenig Bällen kann in Vierer- oder Sechsergruppen gespielt werden, so daß zwei Kinder immer Zeit zur Erholung haben. Die Spieldauer sollte 2 Minuten nach Möglichkeit nicht überschreiten.

Variationen:
● Die Tore können von vorne und von hinten erzielt werden
● Ein Tor ist dann erzielt, wenn der Ball über die Torlinie gedribbelt wird (Tore hierfür verbreitern)

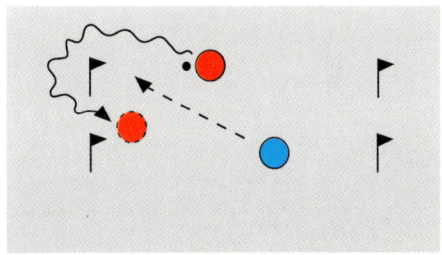

Spiel 1:1 / 2:2 auf kleine Tore (Variation)

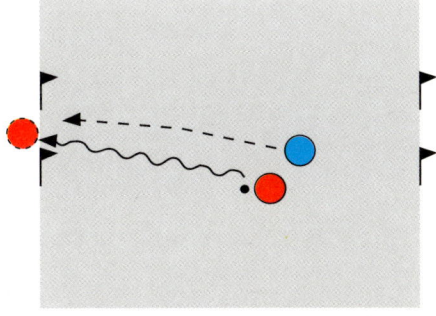

Spiel 1:1 / 2:2 auf kleine Tore (Variation)

Vom Passen und der Ballan- und -mitnahme zum Zusammenspiel

Durch die nachfolgenden Spiel- und Übungsformen sollen die Kinder Erfahrungen mit den verschiedenen Möglichkeiten des Ballan- und -mitnehmens in reduzierten Spielsituationen und kleinen, überschaubaren Gruppen sammeln. Die Vereinfachung der Spielanforderungen schafft die für ein erfolgreiches Zusammenspiel erforderlichen Voraussetzungen, wie den Blick vom Ball zu lösen, sich im Raum zu orientieren und den vor dem Abspiel notwendigen Blickkontakt zum Partner herzustellen.

Ballan- und -mitnahme – Übungs- und Spielformen

Königsball

In der Mitte eines Kreises von 3–4 m Durchmesser steht 1 Kind als König. Um den Kreis herum stehen 2–3 Abwehrspieler. Etwa 5–6 Kinder befinden sich mit einem Ball außerhalb des Kreises und versuchen, durch sicheres und schnelles Passen eine Lücke in der Abwehr zu finden und den König anzuspielen. die Abwehrspieler versuchen, ein Zuspiel zum König zu verhindern. Es darf nur flach gespielt werden. Nach einer bestimmten Zeit wird der König gewechselt.

Variationen:
- Der erfolgreiche Paßgeber wird König
- Die Abwehrspieler dürfen das Kombinationsspiel der angreifenden Spieler stören

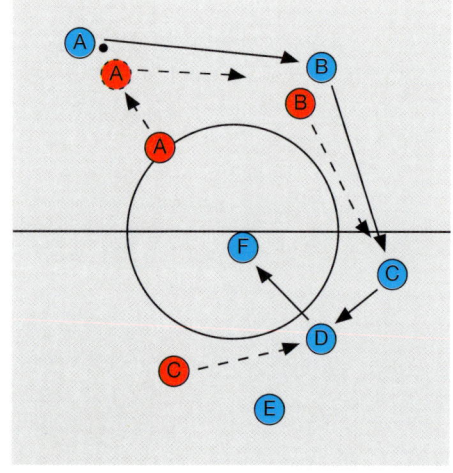

Königsball

Bälle tauschen

Alle Kinder befinden sich in einem abgegrenzten Feld, die Hälfte der Kinder führt einen Ball. Auf ein Signal werden diejenigen angespielt, die keinen Ball haben. Diese Form eignet sich gut für größere Gruppen mit wenigen Bällen.

Variation:
- Alle Kinder haben einen Ball. Auf ein Signal werden die Bälle getauscht, indem sich immer zwei Kinder die Bälle zupassen.

Zusammenspiel in Dreiergruppen

Mehrere Dreiergruppen spielen sich im lockeren Lauf in einem abgegrenzten Spielfeld einen Ball untereinander zu, ohne dabei mit den anderen Gruppen oder deren Bällen zu kollidieren.

Zusatzaufgaben:
– Vor und nach dem Abspiel verschiedene Laufformen ausführen (Hopser-, Seitwärts-, Rückwärtslauf etc.)
– Nach dem Abspiel Strecksprung, Strecksprung mit halber/ganzer Drehung, Rolle vorwärts (o. ä. ausführen)

– Vor der Ballannahme mit beiden Händen Boden berühren
– Vor der Ballannahme hinsetzen und schnell wieder aufstehen

Variationen:
● Das Spielfeld wird verkleinert oder vergrößert
● Mehrere Störspieler versuchen die Bälle abzufangen
● Fängt der Störspieler einen Ball ab, tauscht er mit dem Paßgeber die Rolle

**Zusammenspiel
in Dreiergruppen**

Nummernzuspiel

Alle Kinder einer Gruppe (maximal 6) erhalten eine fortlaufende Nummer und bewegen sich in einem abgegrenzten Spielfeld. Ein Ball wird in der Reihenfolge der Nummern zugespielt, wobei das Kind mit der letzten Nummer wieder das Kind mit der Nummer 1 anspielt. Die Anzahl der Bälle kann je nach Leistungsvermögen und Gruppengröße erhöht werden.

Variationen:
- Mehrere Gruppen spielen in einem abgegrenzten Spielfeld
- Ein Ball wird zusätzlich mit der Hand zugespielt

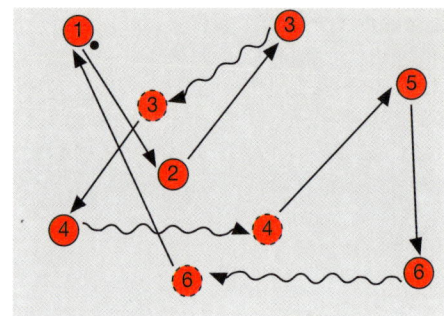

Nummernzuspiel

Überzahlspiele 3:1 oder 4:2 auf ein Tor

Die angreifende Mannschaft ist in Überzahl und soll durch geschicktes Zusammenspiel Torchancen herausspielen und verwerten. Welche Mannschaft hat nach zehn Angriffen die meisten Tore erzielt. Je niedriger das Spielniveau, um so kleiner sollte die Gesamtspielerzahl und um so größer die Überzahl sein.

Überzahlspiele 3:1 oder 4:2 auf ein Tor

Zusammenspiel in Zweiergruppen durch Ziele

Mehrere Paare mit je einem Ball bewegen sich in einem abgegrenzten Spielfeld. Im Spielfeld sind mehrere unterschiedlich breite Hütchentore aufgestellt. Die Paare versuchen, sich den Ball so oft wie möglich durch die Tore zuzupassen, wobei ein Tor nicht zweimal hintereinander durchspielt werden darf. Welches Paar schafft in einem bestimmten Zeitraum die meisten Pässe durch die Tore?

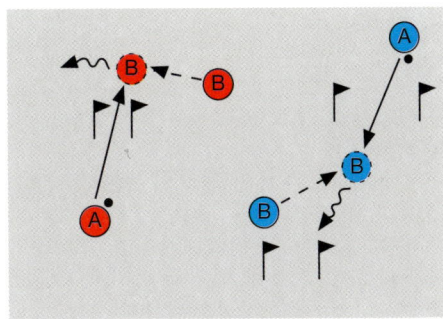

Zusammenspiel in Zweiergruppen

Variationen:
● Mehrere Störspieler versuchen, die Pässe abzufangen
● Fängt der Störspieler einen Ball ab, tauscht er mit dem Paßgeber die Rolle

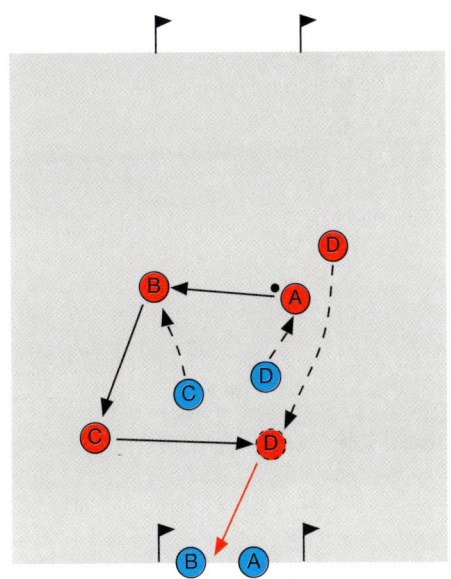

Überzahlspiel auf zwei Tore

Überzahlspiel auf zwei Tore

Spiel 4:4, wobei immer zwei Kinder der abwehrenden Mannschaft in einem vergrößerten Tor stehen, so daß vier Angreifer gegen zwei Abwehrspieler und zwei Torhüter spielen. Die Angreifer haben durch die Überzahl sehr viele Möglichkeiten, Torchancen herauszuspielen und zu verwerten.

Tore erzielen

Ein erzieltes Tor ist für ein Kind ein wichtiges, weil motivierendes Erfolgserlebnis. Daher sollen im Training den Kindern möglichst viele Gelegenheiten zum Toreerzielen angeboten werden. Weniger die genaue technische Ausführung als vielmehr das variations- und abwechslungsreiche Umgehen mit den verschiedenen Möglichkeiten des Toreerzielens steht dabei im Mittelpunkt.

Tore erzielen – Übungsformen

Schußbude

Die Kinder versuchen Ziele, wie Medizinbälle, Markierungshütchen, Torlatte und/oder -pfosten, aus unterschiedlichen Entfernungen zu treffen. Alternativ kann auch durch die Tore gehängte Gymnastikreifen geschossen werden oder auf Hallenwände, auf die Zahlenfelder gemalt sind.

Variation:
● Als Wettkampfform für zwei Mannschaften: Welche Mannschaft erzielt innerhalb eines vorgegebenen Zeitraumes die meisten Punkte?

Tore schießen

Zwei Mannschaften spielen auf zwei Tore ohne Torwart. Die Mannschaften stehen an der Grundlinie seitlich neben dem Tor und versuchen, ihre Bälle in das Tor der anderen Mannschaft zu schießen. Es sollten doppelt so viele Bälle wie Spieler zur Verfügung stehen. Ein Punkt ist erzielt, wenn ein Ball im Tor der anderen Mannschaft landet. Die Bälle dürfen nicht abgefangen werden. Bälle, die nicht ins Tor gehen, dürfen wiederverwendet werden.

Sind alle Bälle in den Toren, ist der Durchgang beendet. Es hat die Mannschaft gewonnen, die die meisten Bälle im gegnerischen Tor untergebracht hat.

Ball vertreiben

Zwei Mannschaften stehen sich in einem Spielfeld mit drei Zonen gegenüber. In der Mitte der mittleren Zone liegt ein Medizinball. Beide Mannschaften versuchen nun, durch genaue Schüsse den Medizinball zu treffen und ihn so aus der mittleren in die Zone der anderen Mannschaft zu treiben. Es darf dabei nur aus der eigenen Zone heraus geschossen werden.

Variationen:
● Mehrere Medizinbälle gleichzeitig vertreiben
● Markierungshütchen als weitere Ziele oder als Hindernisse, die umspielt werden müssen

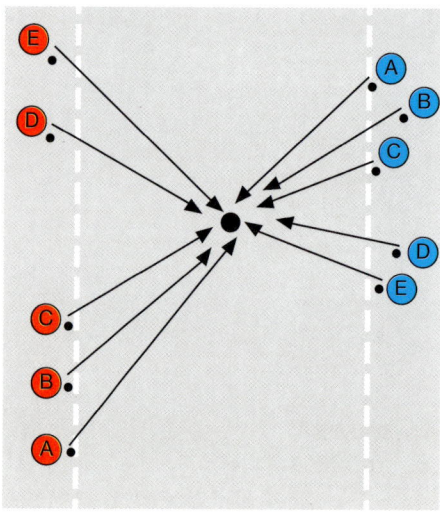

Ball vertreiben (● = Medizinball)

Siebenmeterkönig

Maximal vier Kinder ermitteln durch Siebenmeterschießen einen Sieger (König). Zu Beginn des Spiels wird durch Auslosen ein Torwart bestimmt. Danach erhalten alle Kinder eine bestimmte Anzahl an Punkten, der erste Torwart einen Punkt mehr. Anschließend schießen die anderen Kinder in festgelegter Reihenfolge die Siebenmeter. Solange die Schützen treffen, muß der Torwart im Tor bleiben. Verschießt ein Kind, wird es zum Torwart. Wer als Torwart einen Treffer kassiert, bekommt einen Punkt abgezogen. Wer keinen Punkt mehr hat, scheidet aus. König ist das Kind, das den letzten Siebenmeter verwandelt.

Tore erzielen – Spielformen

Torschußspiel 1:1 auf Tore

Zwei Kinder spielen gegeneinander auf zwei Tore. Jedes Kind ist Torschütze und Torwart. Ziel ist es, durch Schüsse aufs gegnerische Tor zum Erfolg zu kommen. Geschossen wird immer abwechselnd. Die Tore sollten so breit und die Torentfernungen so gewählt sein, daß ein Torerfolg/eine Torwartparade möglich ist.

Variationen:
- Der Schütze setzt dem Schuß nach und kann, falls der Torwart den Ball nicht festhält, versuchen, per Nachschuß zum Erfolg zu kommen
- Der Ball darf nur aus der Luft geschossen werden. Der Schütze spielt sich den Ball selbst hoch und versucht, ihn als Volleyschuß im Tor des Gegners unterzubringen

Torschußspiele 2:2 auf Tore

Es wird 2:2 mit jeweils einem festen Torwart und einem Torschützen gespielt, die nach einiger Zeit die Rollen tauschen.

Variationen:
- Der Torwart spielt dem Schützen den Ball hoch zu, und dieser versucht, ein Tor zu erzielen, jedoch nur per Volleyschuß
- Ein Kind ist Torwart und Torschütze, das andere fälscht vor dem gegnerischen Tor die Bälle ab oder versucht, einen abprallenden Ball im Nachschuß zu verwerten.

Spiel rund ums Tor

Zwei Mannschaften (2:2/3:3) spielen auf ein großes Offentor mit Torwart. Das Spiel läuft um das Tor herum, und Tore können von beiden Seiten erzielt werden.

Dreiländerspiel

Drei Mannschaften spielen für ein von ihnen selbstgewähltes Land auf drei zu einem Dreieck zusammengestellten Hütchentoren mit einem neutralen Torwart. Die jeweils ballbesitzende Mannschaft spielt gegen die beiden anderen, die gemeinsam versuchen, den Ball zu erobern.

Variation:
- Pro Mannschaft steht ein Torwart in einem Tor. Die jeweils ballbesitzende Mannschaft spielt auf die Tore der beiden anderen

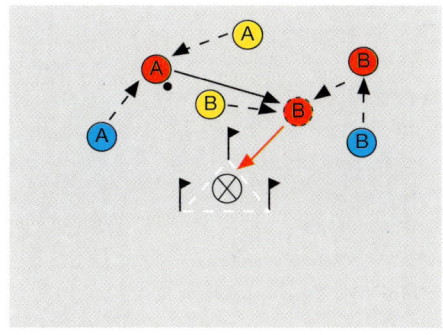

Dreiländerspiel

Kopfballspiel

Im Kindertaining kommt es darauf an, den Kindern eventuell bestehende Ängste vor dem Kopfballspiel zu nehmen. Dies geschieht durch ein kindgemäßes Heranführen an die Kopfballtechnik und mit entsprechendem Ballmaterial, wie zum Beispiel Softbällen, Volleybällen, Hallen- oder Plastikfußbällen oder auch Luftballons. Die Trainings- oder Spielbälle müssen generell, aber besonders beim Kopfballtraining von sehr guter Qualität sein. Die alten abgelegten, harten und wasseraufnehmenden Bälle der Seniorenabteilung sind als Trainingsgerät für Kinder absolut untauglich. Das Kopfballspiel wird im Kindertraining in kurzen Spiel- und Übungsphasen mit wenigen Wiederholungen geschult.

Kopfballspiel – Vorbereitende Übungen

Einzel-Kopfball

Jedes Kind hat einen Ball, den es nach vorne hochwirft oder aufprellt und dann aus dem Gehen/Laufen/Springen heraus köpft und mit den Händen auffängt. Beim Springen sollte der Absprung immer abwechselnd beidbeinig oder einbeinig links/rechts erfolgen.

Jonglier-Kopfball

Jedes Kind hat einen Ball, den es im Stand oder Gehen jongliert. Dazu den Kopf weit in den Nacken legen, den Ball anschauen. Die Stirn bildet einen „Tisch" unter dem Ball, die Knie sind leicht gebeugt. Aus den Knien heraus wird dem Ball die nötige Energie verliehen, damit er in der Luft bleibt. Gerät er außer Kontrolle, so darf er

mit den Händen aufgefangen oder wieder zum Kopf hingespielt werden.

Variationen:
- Unterschiedliche Jonglierhöhen verlangen
- Den Ball auch auf der Stirn ablegen und dort halten

Partner-Kopfball

Die Kinder köpfen abwechselnd einen aus dem Stand/Gehen/Laufen/Springen heraus selbst hochgeworfenen/aufgeprellten Ball auf den ständig die Position und Entfernung ändernden Mitspieler.

Hinführung zum Flugkopfball

Zwei Spieler mit einem Ball befinden sich im Abstand von etwa fünf m gegenüber. Der Zuwerfer steht, der köpfende Spieler befindet sich im Kniestand.

Der Ball wird so zugeworfen, daß der kniende Spieler ihn im Vorwärtsfallen zurückköpfen kann. Das Abfangen des Körpers erfolgt auf den Händen. Hinweis: Nur auf Rasen oder in der Halle auf Matten oder Weichböden trainieren lassen!

Kopfballspiel - Spielformen

Kopfballspiel auf ein Tor

Zwei Kinder stehen sich in etwa 5 m Entfernung gegenüber. Das Kind mit Ball steht in einem Hütchentor.

Nach Zuwurf (oder Zuprellen) des Balles in ständig variierender Höhe, Härte und Weite versucht der Partner, mit einem Kopfstoß ein Tor zu erzielen. Der Aufgabenwechsel erfolgt nach einer bestimmten Wiederholungszahl.

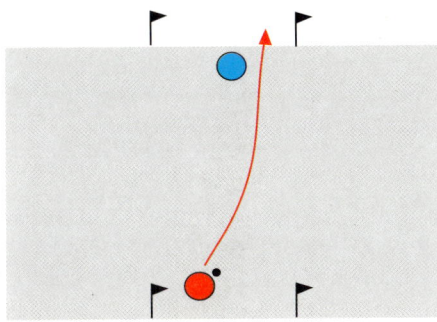

Kopfballspiel auf ein Tor

Kopfballspiel 2:2 auf zwei Tore

Vier Kinder mit einem Ball stehen sich in etwa 10 m entfernten Hütchentoren gegenüber. Jeweils zwei Kinder versuchen Tore zu erzielen, die beiden anderen sind Torhüter.

Aus der angreifenden Mannschaft wirft/prellt einer der beiden Kinder den Ball seinem Partner in den Lauf hinein. Dieser versucht per Kopfstoß bei der anderen Mannschaft ein Tor zu erzielen. Wird ein Treffer erzielt, darf die Angreifermannschaft weiterspielen. Ständiger Aufgabenwechsel (Zuspielen/Köpfen) innerhalb und zwischen den Gruppen.

Variation:
● Die Abwehrmannschaft kann den Ball direkt zurückköpfen und so ihrerseits ein Tor erzielen

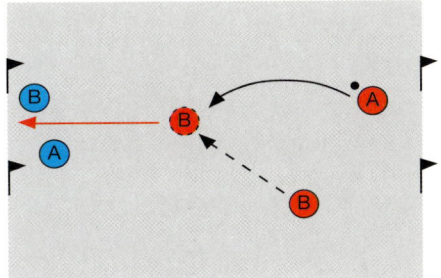

Kopfballspiel 2:2 auf zwei Tore

Kopfballspiel auf zwei Tore

Zwei Kinder mit einem Ball stehen sich in etwa 5 m entfernten Hütchentoren gegenüber. Jedes Kind ist Kopfballspieler und Torwart (Spiel mit wechselnden Aufgaben). Ein Kind wirft sich den Ball hoch vor/prellt ihn auf den Boden und versucht, ihn ins Tor des Partners zu köpfen. Der versucht, den Ball zu halten usw.

Variation:
● Das als Torwart spielende Kind kann den Ball direkt zurückköpfen und so seinerseits ein Tor erzielen

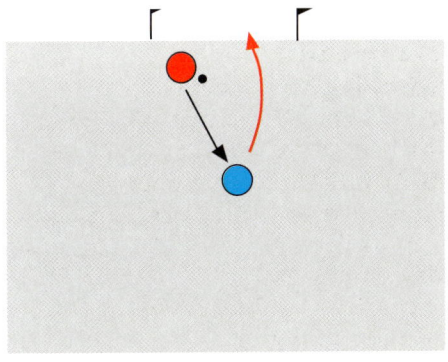

Kopfballspiel auf zwei Tore

FUSSBALLTRAINING MIT JUGENDLICHEN

Übungs- und Spielformen

- Schulung wichtiger koordinativer Fähigkeiten

- Vom Ballführen zum Dribbling

- Vom Passen und der Ballan- und -mitnahme zum Zusammenspiel

- Tore erzielen

- Kopfballspiel

- Torwartspiel

Schulung wichtiger koordinativer Fähigkeiten

Der fußballspezifische Ausbau wichtiger koordinativer Fähigkeiten sowie die gezielte Schulung und Anwendung technisch-taktischer Fertigkeiten und Fähigkeiten bildet den Schwerpunkt im Jugendtraining. Die Spiel- und Übungsformen werden dabei zunehmend unter Wettkampfbedingungen, das heißt, mit Gegenspielern und auf Ziele durchgeführt.

zehn Minuten dauern. Viele der Übungen können in den einleitenden Teil des Trainings eingebaut oder auch in aktiven Erholungsphasen, zum Beispiel in den Pausen beim Schnelligkeitstraining eingesetzt werden.

Jonglieren mit halber oder ganzer Drehung

Das Koordinationstraining mit Jugendlichen ist im Unterschied zum Kindertraining fußballspezifisch ausgerichtet, in den nachfolgenden Übungsformen sollte der Ball daher überwiegend mit dem Fuß gespielt werden. Bei der Durchführung der Übungsformen ist darauf zu achten, daß die Konzentrationsfähigkeit der Jugendlichen nicht überbeansprucht wird. Daher sollte dieser Übungsteil nicht länger als

Je nach Leistungsvermögen kann der Ball in den folgenden Übungen statt mit dem Fuß auch mit der Hand hochgespielt oder aufgefangen werden. Der Schwierigkeitsgrad kann durch Zusatzaufgaben oder Variationen, die in Klammern angegeben sind, verändert werden.

Übungsformen

Einzelübung

Verschiedene Aufgabenstellungen:

- Aus dem Jonglieren den Ball hochspielen, mit beiden Händen auf den Boden fassen (eine halbe oder ganze Drehung durchführen/in den Stütz fallen), den Ball (nach ein-/zweimal aufspringen lassen) weiterjonglieren
- Aus dem Jonglieren den Ball hochspielen, unter dem Ball durchgehen, ihn hinter dem Rücken auffangen, über den Kopf nach vorne werfen, weiterjonglieren
- Aus dem Jonglieren den Ball hochspielen, hinter dem Rücken aufspringen lassen, zwei oder drei Schritte rückwärts unter dem Ball hindurchgehen (mit beiden Händen auf den Boden fassen/halbe Drehung/ganze Drehung) weiterjonglieren
- Aus dem Jonglieren den Ball hochspielen, hinhocken (hinknien/hinsetzen/hinlegen), schnell wieder aufstehen, den Ball, ohne ihn aufspringen zu lassen (nach ein-/zweimaligem Aufspringen), weiterjonglieren
- Aus dem Jonglieren den Ball hochspielen, hinsetzen, den Ball zwischen den gespreizten Beinen aufspringen lassen (ihn im Sitzen seitlich neben dem Körper ausspringen lassen/ihn im Sitzen hinter dem Rücken aufspringen lassen), aufstehen, weiterjonglieren

Jonglieren, Ball hochspielen und hinter dem Rücken fangen

**Jonglieren, Ball hoch-
spielen, mit dem Partner
den Platz tauschen ...**

Partnerübung mit zwei Bällen

(Die Spieler stehen im Abstand von 2–3 m
nebeneinander)

Verschiedene Aufgabenstellungen:

- Aus dem Jonglieren gleichzeitig mit
dem Partner den eigenen Ball senkrecht hochspielen, mit dem Partner die
Plätze tauschen und (nach ein-/zwei-
maligem Aufspringen des Balles) mit
dem Ball des Partners weiterjonglieren

- Aus dem Jonglieren gleichzeitig mit
dem Partner den eigenen Ball senkrecht hochspielen, ganze Körperdre-
hung (beide Hände berühren den Bo-
den/kurz hinsetzen), Platzwechsel,
(nach ein-/zweimaligem Aufspringen
des Balles) mit dem Ball des Partners
weiterjonglieren

- Aus dem Jonglieren gleichzeitig mit
dem Partner den eigenen Ball senkrecht hochspielen, den Partner abklatschen (den Partner umlaufen), den
eigenen Ball weiterjonglieren

**... beziehungsweise davor
den Partner abklatschen und
dann weiter Jonglieren**

Partnerübung mit
zwei Bällen –
Zuwerfen

Partnerübung mit zwei Bällen

(Die Spieler stehen sich im Stand von
3–4 m gegenüber)

Verschiedene Aufgabenstellungen:

- Spieler A wirft/schießt den eigenen Ball
  senkrecht hoch (aus der Hand oder aus
  dem Jonglieren heraus), gleichzeitig
  spielt B ihm aus der Hand (mit dem
  Fuß) einen Ball zu (fordernd zu), Rück-
  paß von A mit Kopf (Fuß) zu B, A fängt
  den eigenen Ball (nimmt ihn an) und
  jongliert weiter

- Beide Partner jonglieren den Ball, A
  spielt den Ball (unmittelbar nach Zuruf)
  per Kopf/Fuß hoch zu B. Kurz bevor der
  Ball B erreicht, spielt dieser seinen Ball
  per Kopf/Fuß (flach) zu A und jongliert
  mit dem zugespielten Ball weiter

- Beide Partner jonglieren den Ball, A
  spielt den Ball (unmittelbar nach Zuruf)
  per Kopf/Fuß zu B. Kurz bevor der Ball
  B erreicht, spielt dieser seinen Ball per
  Kopf/Fuß senkrecht hoch. B nimmt den
  Ball von A an und mit auf dessen Position, während A den hochgespielten
  Ball von B auf dessen vorheriger Position erläuft und weiterjongliert

Den Ball flach (Spieler A) und
hoch (Spieler B) zupassen

Fangspiele

Neben der Schulung koordinativer Fähigkeiten werden im Jugendtraining Fangspiele vor allem zur Schulung der Antritts- und Reaktionsschnelligkeit eingesetzt. Diese Schnelligkeitsfähigkeiten werden aber nur dann sinnvoll trainiert, wenn durch ausreichende Spielunterbrechungen oder Ruhemöglichkeiten in den Fangspielen nicht zu viele Antritte hintereinander durchgeführt werden.

Mannschaftsfangen

Zwei Mannschaften befinden sich in einem Spielfeld. Jede Mannschaft benennt zwei Fänger, die versuchen, die nichtfangenden Spieler der anderen Mannschaft abzuschlagen. Abgeschlagene Spieler müssen stehenbleiben.

Welche Mannschaft schafft es zuerst, die andere komplett zum Stehen zu bringen?

Variation:
- Die Fänger können die Spieler der eigenen Mannschaft durch Berühren wieder erlösen

Beim „Dritten abschlagen" kann man sich vor dem Fänger retten, ...

Dritten abschlagen

Im Feld verteilt stehen Paare, die sich eingehakt haben. Zwei einzelne Spieler sind Fänger und Renner. Der Fänger versucht, den Renner abzuschlagen. Dieser kann sich retten, indem er sich seitlich bei einem Paar einhakt. Dann wird immer der äußere Partner dieser Gruppe zum Renner und versucht, vor dem Fänger zu fliehen.

Variation:
● Nach dem Einhaken wird derjenige, der loslaufen muß, zum Fänger, und der Fänger wird zum Renner

Freispielen

Ein Fänger versucht, die anderen Spieler abzuschlagen. Diese können sich durch „Freispielen" retten. Das geschieht, indem dem Gejagten ein Ball mit der Hand oder dem Fuß zugespielt wird, denn derjenige, der gerade im Ballbesitz ist, darf vom Fänger nicht abgeschlagen werden. Ein gejagter Spieler kann also durch einen Paß in letzter Sekunde gerettet werden.

Variation:
● Es können auch mehrere Bälle zum Freispielen eingesetzt werden

... indem man sich bei einem Pärchen einhakt

Vom Ballführen zum Dribbling

Im Jugendtraining steht der zielgerichtete Einsatz des Ballführens, das Dribbling, im Mittelpunkt. Dabei werden die verschiedenen Varianten des Dribblings mit Schnelligkeitsanforderungen gekoppelt und in zunehmend komplexeren Übungs- und Spielformen vertieft und gefestigt. Dabei ist wiederum auf die beidfüßige Schulung des Dribblings bei möglichst wenig Blickkontakt zum Ball zu achten.

Dribbling – Übungsformen

Verfolger abschütteln

Zwei Spieler mit je einem Ball. Ein Spieler läuft vor, der andere bleibt möglichst dicht hinter ihm. Durch einen plötzlichen Antritt (mit Richtungsänderung), versucht der Vorweglaufende, seinen Verfolger abzuschütteln. Nach 3–5 Antritten Rollenwechsel.

Variation:
- Der Antritt erfolgt immer in Richtung auf ein Markierungshütchen, von denen mehrere im Feld verteilt stehen, und ist mit Erreichen des Markierungshütchens beendet

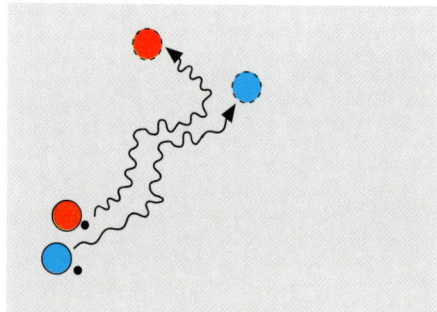

Verfolger abschütteln

Male anlaufen

In einem Spielfeld stehen mehrere Male (Markierungshütchen). Alle Spieler führen den Ball im lockeren Lauf. Auf ein Signal des Trainers versuchen sie, schnellstmöglich mit Ball zu einem Mal zu dribbeln. Jedesmal darf dabei nur von einem Spieler angelaufen werden.

Variationen:
- Dribbeln zwei Spieler auf dasselbe Mal zu, können sie sich das Mal durch Wegspielen des anderen Balles erobern
- Dribbeln zwei Spieler auf dasselbe Mal zu, kann durch faires Rempeln der Gegner vom Mal weggedrängt werden
- Es befinden sich weniger Male als Spieler im Feld

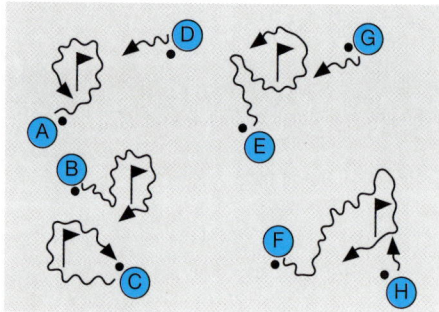

Male anlaufen

Weglaufdribbling

Zwei Spieler mit jeweils einem Ball bilden ein Paar, das sich auf den Grundlinien eines Lauffeldes von circa 20 m Länge gegenübersteht.
Spieler A läuft langsam mit Ball auf seinen Partner B zu, der ihm mit Ball entgegenkommt. A läuft möglichst nah an B heran, dreht sich plötzlich in die entgegengesetzte Richtung und dribbelt so schnell

wie möglich zur Grundlinie zurück. In dem Moment, in dem A sich dreht, startet B und versucht, A zu überholen und vor ihm die Grundlinie zu erreichen.

Variation:
- A dreht sich nicht in die entgegengesetzte Richtung, sondern versucht, durch einen Antritt an B vorbei dessen Grundlinie zu erreichen. Nun muß B sich drehen und versuchen, schneller als A dorthin zu gelangen

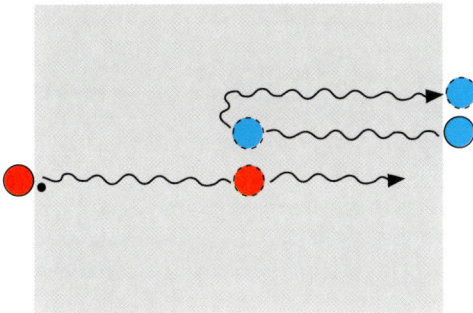

Weglaufdribbling

Dribbling – Spielformen

Penalty-shoot out
Es wird in Zweiergruppen auf jeweils ein circa 3 m breites Tor gespielt. Ein Spieler ist Angreifer, der andere Torwart. Der Penalty-Schütze dribbelt mit dem Ball auf den mindestens 5 m vor dem Tor postierten Torwart zu und versucht, ihn mittels einer Täuschungsbewegung auszuspielen und ein Tor zu erzielen.

Bälle rauben
Alle Spieler bis auf die Räuber (etwa ein Viertel) führen einen Ball in einem abgegrenzten Feld. Die Räuber versuchen, die Bälle der anderen Spieler zu rauben. Wer seinen Ball verliert, tauscht mit dem Räuber die Rolle.

Schutzzonendribbling mit Störspielern
Alle Spieler, bis auf die Störspieler, befinden sich mit einem Ball in einer markierten Schutzzone in der Mitte eines abgegrenzten Feldes. Um die Schutzzone herum sind mehrere kleine Tore aufgebaut.
Die Spieler versuchen, aus der Schutzzone heraus sämtliche Tore zu durchdribbeln. Etwa ein Viertel der Spieler sind Störspieler, die versuchen, dies zu verhindern. Nach einem durchdribbelten Tor können die Spieler wieder in die Schutzzone zurückkehren. Wer hat zuerst alle Tore durchdribbelt?

Variationen:
- Wer seinen Ball an einen Störspieler verliert, tauscht mit ihm die Rolle
- Es spielen zwei Mannschaften auf Zeit gegeneinander. Welche Mannschaft durchdribbelt die meisten Tore?

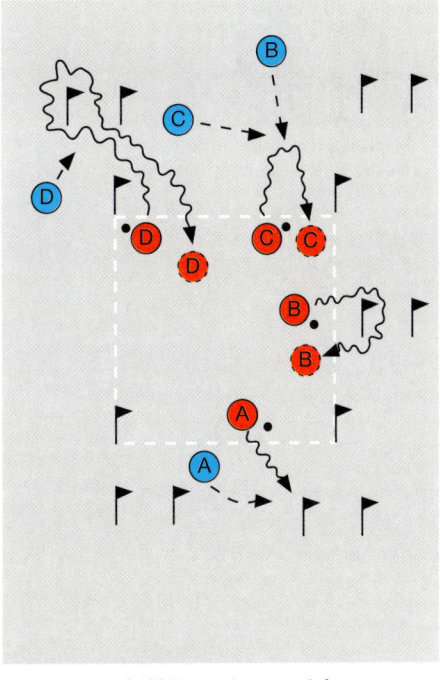

Schutzzonendribbling mit Störspielern

Spiel 1:1:1, 2:2:2 auf drei Tore

Drei oder sechs Spieler spielen in einem kleinen Feld gegeneinander und versuchen, Tore zu erzielen. Die Tore sind in einem Dreieck zueinander angeordnet. Tore gelten nur dann, wenn der Ball über die Linie gedribbelt wird. Bei dieser Spielform befindet sich der ballführende Spieler/die ballbesitzende Mannschaft immer in Unterzahl.

Wichtig: Auf kurze Spielphasen mit häufigem Spielerwechsel ist zu achten.

Variation:
- Tore können von beiden Seiten erzielt werden

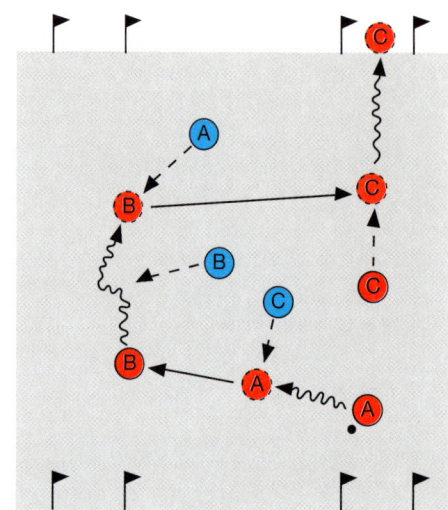

Spiel 3:3 auf mehrere Tore

Spiel 3:3, 4:4 auf zwei Linientore

Bei dieser Spielform sind die Tore so breit wie das Spielfeld, und es wird ohne Torwart gespielt. Tore können nur durch ein Dribbling über die Torlinie des gegnerischen Tores erzielt werden.

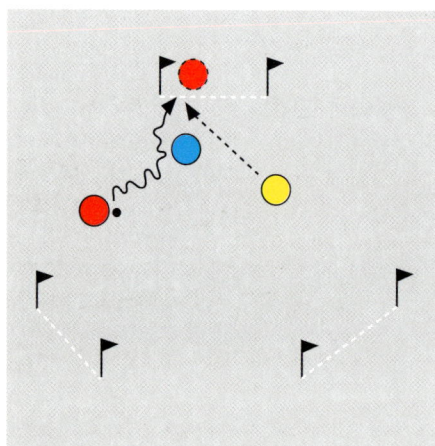

Spiel 1:1:1 auf drei Tore

Spiel 3:3, 4:4 auf mehrere Tore

Es wird ohne Torwart gespielt, Tore können nur durch Dribbling über die Torlinien erzielt werden. Jeweils zwei Tore an den Grundlinien bilden die Ziele.

Variationen:
- Die vier Tore werden auf die vier Spielfeldseiten verteilt
- Es werden viele kleine Tore gleichmäßig im Spielfeld verteilt

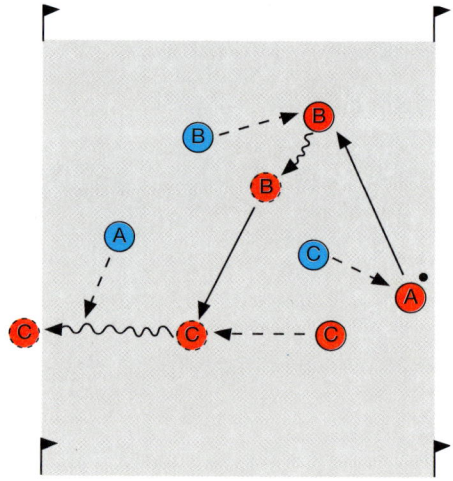

Spiel 3:3 auf zwei Linientore

Vom Passen und der Ballan- und -mitnahme zum Zusammenspiel

Das gefühlvolle Spielen und Verarbeiten flacher, halbhoher und hoher Bälle im Zusammenspiel mit anderen Spielern ist die Voraussetzung für das Herausspielen und Verwerten von Torchancen. Im Jugendtaining werden diese Fähigkeiten zunehmend in komplexen, wettkampfnahen Übungsformen auf Tore oder Ziele mit Gegenspielern geschult.

Zusammenspiel – Übungsformen

Kombinieren in Dreiergruppen
Mehrere Dreiergruppen mit je einem Ball bewegen sich in einem abgegrenzten Feld. Der Ball wird innerhalb der Gruppe nach bestimmten Aufgaben kombiniert.

Verschiedene Aufgabenstellungen:
- Jeder zweite Ball wird halbhoch zum Partner gespielt

- Den Ball direkt oder nach ein/zwei Ballberührungen weiterspielen
- Antritt zum Ball und An- und Mitnahme des Balles in hohem Tempo
  Nach der Ballannahme eine Finte durchführen
- Ball in die Richtung, die der Paßgeber anzeigt, mitnehmen
- Der Paßgeber setzt seinem Paß nach und versucht, das Ballan- und -mitnehmen zu stören

Kombinationsspiel mit Störspielern
Mehrere Kleingruppen (jeweils maximal vier Spieler) kombinieren ihren Ball (wie oben unter verschiedenen Aufgabenstellungen) in einem abgegrenzten Feld. Sie müssen beim Kombinieren jedoch darauf achten, daß die Störspieler ihre Zuspiele nicht abfangen.

Variation:
- Die Störspieler wechseln

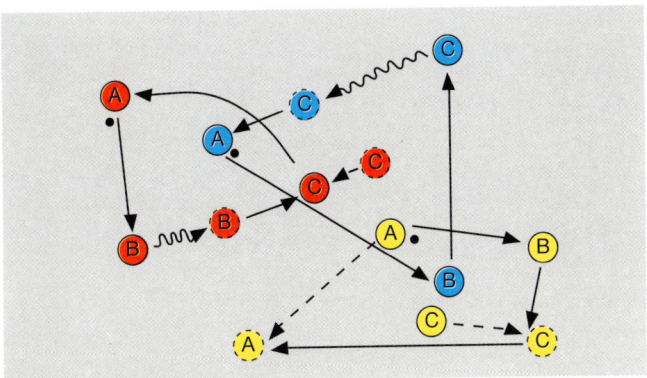

Kombinieren in Dreiergruppen

Kombinieren in der Zweiergruppe durch Tore mit Verteidigern

Mehrere Paare kombinieren mit je einem Ball in einem abgegrenzten Feld. In diesem befinden sich mehrere Hütchentore mit jeweils einem Verteidiger. Die Paare versuchen, sich den Ball so oft wie möglich durch die Tore zuzuspielen. Die Tore dürfen von beiden Seiten und nur mit flachen Pässen durchspielt werden.

Variationen:
- Fängt der Verteidiger den Ball ab, tauscht er mit dem Paßgeber die Rolle
- Wer hat zuerst alle Tore durchspielt?
- Zusätzlich zu den Verteidigern in den Toren befinden sich weitere Störspieler im Feld, die ebenfalls versuchen, die Zuspiele abzufangen

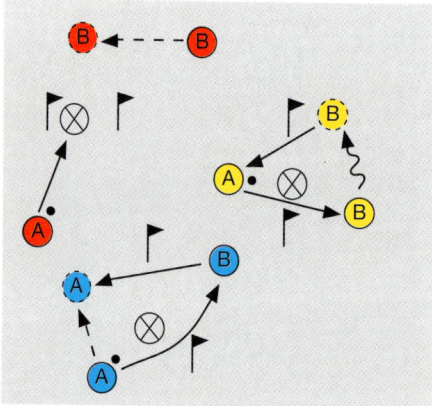

Kombinieren in der Zweiergruppe durch Tore mit Verteidigern

Zusammenspiel – Spielformen

Parteiballspiele 2:2+1, 3:3+2, 4:4+2

Es spielen immer zwei Mannschaften gegeneinander. Sie werden unterstützt durch „Joker", die immer bei der ballbesitzenden Mannschaft mitspielen. Die Joker ermöglichen der jeweils ballbesitzenden

Mannschaft, in Überzahl zu spielen. Ziel des Spiels ist es, durch geschicktes Zusammenspielen den Ball so lange wie möglich in den eigenen Reihen zu halten. Regelvorschläge für das Spiel der Joker:

- Die Joker darf man nicht angreifen
- Die Joker dürfen sich den Ball nicht untereinander zuspielen
- Die Joker müssen direkt spielen
- Die Joker stehen an der Außenlinie des Spielfeldes auf festen Positionen
- Die Joker dürfen sich an den Außenlinien des Spielfeldes bewegen

Variationen:
- Die ballbesitzende Mannschaft spielt direkt oder mit zwei Ballkontakten
- Nach einer festgelegten Anzahl Ballkontakte wechselt der Ballbesitz
- Wer schafft innerhalb einer bestimmten Zeit die meisten Ballkontakte?

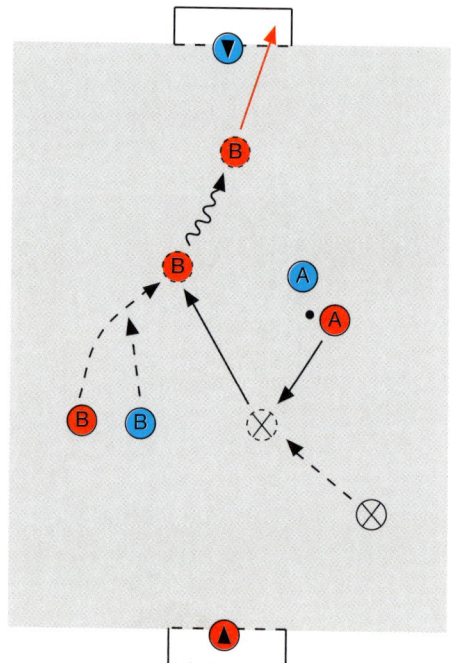

Parteiballspiel 2:2+1

Parteiballspiele 2:2+1, 3:3+2, 4:4+2 auf Tore

Die Organisationsform ist mit der vorhergehenden Spielform identisch, nur wird jetzt auf zwei Tore mit Torwart gespielt.

Spiel auf zwei bewegliche Tore

Spiel auf zwei bewegliche Tore. Jeweils zwei Spieler einer Mannschaft bilden mit einer Gymnastikstange o. ä. ein Tor, das sich innerhalb des Spielfeldes frei bewegen darf. Die jeweils ballbesitzende Mannschaft versucht durch geschicktes Zusammenspiel zum Torerfolg zu kommen. Tore dürfen nur flach erzielt werden.

Variationen:
- Es wird auf vier oder mehr Tore gespielt
- Die „Tore" dürfen mitspielen und auch selbst Tore erzielen

Spiel auf vier Tore

Zwei Mannschaften (4:4) spielen auf vier Tore ohne Torwart. Jede Mannschaft muß jeweils zwei Tore auf ihrer Grundlinie verteidigen beziehungsweise kann auf zwei Tore des Gegners angreifen.

Variationen:
- Die Tore werden auf allen vier Spielfeldseiten verteilt
- Tore dürfen von allen Seiten erzielt werden
- Ein Tor ist erzielt, wenn der Ball durch das Tor zum Mitspieler gespielt wird

Spiel auf zwei bewegliche Tore

Fußball-Tennis

Es spielen zwei durch ein Netz getrennte Mannschaften miteinander (Variation A) oder gegeneinander (Variation B). Gespielt werden kann in Zweier-, Dreier- oder Vierermannschaften.

Durch die Veränderung von Netzhöhe und Spielfeldgröße können die technischen Anforderungen leicht variiert werden.

Variationen:
- Ziel ist es, den Ball so lange wie möglich im Spiel zu halten (Variation A: Mannschaften spielen miteinander)
- Ziel ist es, den Ball so auf die andere Seite zu spielen, daß ihn die gegnerische Mannschaft nicht mehr zurückspielen kann (Variation B: Mannschaften spielen gegeneinander)

Regelvorschläge:
- Pro Mannschaft muß/darf der Ball dreimal gespielt werden
- Ein Punkt ist dann erzielt, wenn eine Mannschaft es nicht schafft, den Ball innerhalb der erlaubten drei Spielmöglichkeiten auf die andere Seite zurückzuspielen. Gezählt wird wie beim Volleyball, das heißt, nur die anspielende Mannschaft kann einen Punkt erzielen

Variationen:
- Der Ball muß direkt gespielt werden
- Jeder Spieler einer Mannschaft muß am Ball gewesen sein, bevor er in die andere Hälfte zurückgespielt wird
- Jeder Spieler kann beliebig viele Ballkontakte haben (jonglieren)
- Der Ball darf nur per Kopf auf die andere Seite gespielt werden (dazu das Netz höher hängen)

„Fußball-Tennis" schult insbesondere die Ballannahme

Tore erzielen

Schnelles Erkennen von und zielstrebiges Handeln in Torschußsituationen, das Erspähen der Lücke in einer vielbeinigen Abwehr und das Durchsetzen auf engstem Raum gegen einen Gegenspieler wird im Spiel viel häufiger gefordert als ein Torschuß in unbedrängter Situation aus 20 m Entfernung. Deshalb werden im Jugendtraining unter dem Schwerpunkt „Tore erzielen" die einzelnen Torschußtechniken nicht isoliert, sondern immer in Verbindung mit konditionellen und taktischen Aspekten geschult.

Tore erzielen – Übungsformen

Da bei diesen Torschußübungen gleichzeitig die Antritts- und Reaktionsschnelligkeit mitgeschult werden, ist zwischen den Wiederholungen auf eine Pausenlänge und -gestaltung zu achten, die eine vollständige Erholung ermöglicht. Die Übungsformen sind zum Teil sehr komplex und müssen daher langsam, nach dem methodischen Prinzip vom Leichten zum Schweren, in das Training eingebaut werden.

Torschußübungen in der Zweiergruppe

(Zwei Spieler stehen sich in einem Abstand von circa 2 m parallel zum Tor gegenüber. Die Entfernung zum Tor beträgt 25–30 m)

Verschiedene Aufgabenstellungen:

- Beide Spieler spielen sich einen Ball (flach/hoch und direkt/indirekt) zu. Einer von beiden spielt überraschend den Ball über eine größere Entfernung (6–10 m) in Richtung Tor. Beide versuchen, den Ball zu erlaufen. Derjenige, der ihn zuerst erreicht, versucht so schnell wie möglich (gegen den Widerstand des anderen) per Torschuß ein Tor zu erzielen

- Beide Spieler spielen sich den Ball (flach/hoch und direkt/indirekt) zu. Plötzlich dribbelt einer von beiden mit dem Ball in Richtung Tor. Der andere übernimmt sofort die Rolle des Abwehrspielers und versucht, den Ballbesitzenden am Torschuß zu hindern

Variation:
- Die Spieler stehen sich nicht parallel, sondern frontal zum Tor gegenüber

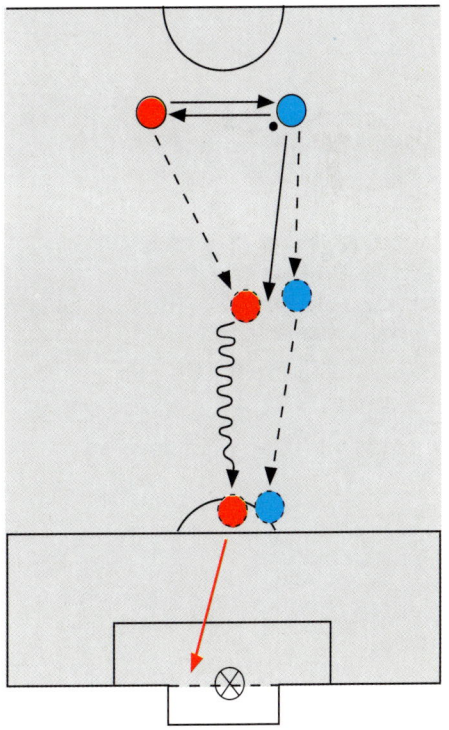

Torschußübungen in der Zweiergruppe

Torschußübungen in der Dreiergruppe

(Drei Spieler stehen sich in Dreiecksaufstellung mit einem Ball im Abstand von circa 2 m gegenüber. Die Entfernung zum Tor beträgt 25–30 m)

Verschiedene Aufgabenstellungen:

- Die drei Spieler passen sich den Ball (flach/hoch und direkt/indirekt) zu. Einer aus der Gruppe spielt überraschend den Ball über 8–10 m in Richtung Eckfahne, die anderen beiden versuchen, ihn zu erlaufen. Wer den Ball zuerst erreicht, spielt ihn (gegen den Widerstand des anderen) so schnell wie möglich zum sich anbietenden Paßgeber, der mit einem Torschuß oder Kopfball abschließt
- Die drei Spieler passen sich den Ball (flach/hoch und direkt/indirekt) zu. Einer aus der Gruppe spielt überraschend den Ball in Richtung Tor. Alle drei Spieler versuchen, den Ball zu erlaufen. Derjenige, der den Ball zuerst erreicht, spielt gegen die anderen beiden 1:2 und versucht, per Torschuß ein Tor zu erzielen

Torschußübung in der Vierergruppe

(Vier Spieler stehen sich in Vierecksaufstellung mit einem Ball gegenüber. Die Entfernung zum Tor beträgt 25–30 m)

Aufgabenstellungen:

- Die vier Spieler passen sich den Ball (flach/hoch und direkt/indirekt) zu. Einer aus der Gruppe spielt den Ball weg, die anderen drei versuchen, ihn zu erlaufen. Paßgeber und derjenige, der den Ball zuerst erreicht, spielen zusammen gegen die beiden anderen 2:2. Das Paar im Ballbesitz muß so schnell wie möglich ein Tor erzielen

Tore erzielen – Spielformen

3:3 auf ein Tor

Zwei Mannschaften spielen in einem Spielfeld von der Größe des Strafraumes auf ein Normaltor mit Torwart.

Nach einem neutralen Anspiel des Torwarts versuchen beide Mannschaften, in Ballbesitz und zu einem zügigen Torabschluß zu kommen. Die abwehrende Mannschaft darf Fehlversuche der angreifenden selbst zum Torabschluß nutzen. Hält der Torwart den Ball oder ist ein Tor erzielt worden, spielt er ihn neutral ab.

Variation:

- Die balleroberende Mannschaft muß den Ball zunächst einmal außerhalb des Spielfeldes spielen, bevor sie einen Angriff zum Torabschluß aufbauen darf

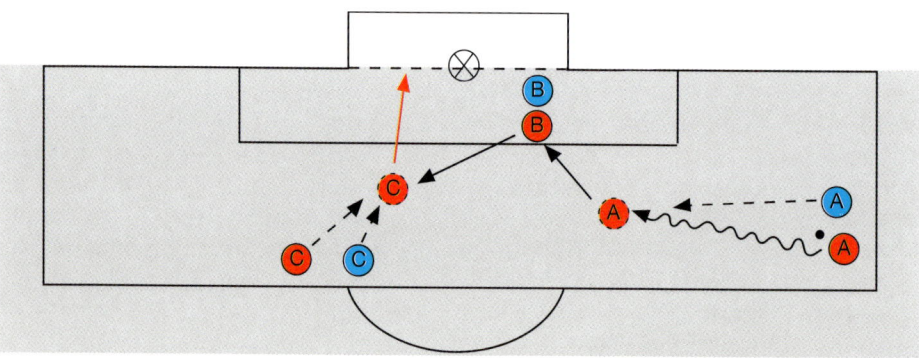

3:3 auf ein Tor

3:3 auf zwei Tore

Zwei Mannschaften spielen in einem Spielfeld von der doppelten Größe des Strafraumes auf zwei Normaltore mit Torwart. Freies Spiel, der zügige Torabschluß steht im Vordergrund.

Variation:
● Verkleinerung des Spielfeldes bis auf Strafraumgröße

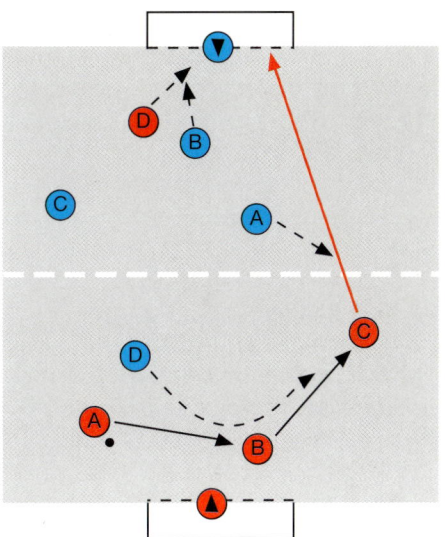

3+1:1+3 auf zwei Tore

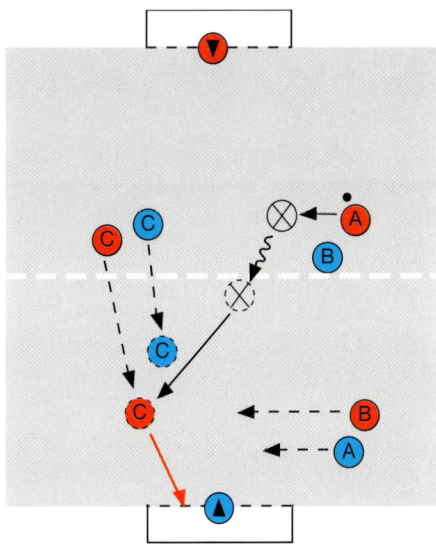

3:3 + Joker auf zwei Tore

3:3 + Joker auf zwei Tore

Zwei Mannschaften und ein Joker spielen in einem Spielfeld von der doppelten Größe des Strafraumes (oder kleiner) auf zwei Normaltore mit Torwart.
Um einen zügigen und erfolgreichen Torabschluß zu gewährleisten, verstärkt der neutrale Spieler die angreifende Mannschaft. Er selbst darf kein Tor erzielen.

Variationen:
● Der Joker darf selbst ebenfalls Tore schießen
● Der Joker spielt bei der jeweils abwehrenden Mannschaft

3 + 1:1 + 3 auf zwei Tore

Auf einem Spielfeld von der doppelten Größe des Strafraumes spielen zwei Vierermannschaften auf normal große Tore mit Torwart gegeneinander. Jeweils drei Spieler befinden sich in der eigenen Hälfte des in der Mitte geteilten Spielfeldes, ein Spieler befindet sich in der gegnerischen Hälfte, die Mittellinie darf von keinem Spieler überschritten werden.
Die drei Spieler lassen in ihrer Hälfte den Ball gegen den Einzelspieler so lange laufen, bis die Möglichkeit zum Torabschluß auf das andere Tor gegeben ist. Der Mitspieler im gegnerischen Feld versucht, den Schuß ins Tor zu lenken, Anspiele oder mögliche Abpraller zu verwerten, kann aber auch Rückpässe auf seine Mitspieler in der eigenen Hälfte zum neuerlichen Torabschluß spielen. Die abwehrende Mannschaft bemüht sich, den Schuß abzublocken, um in Ballbesitz zu gelangen und selbst zum Torabschluß zu kommen.

Variationen:
- Der jeweilige Schütze darf nach dem Torschuß zur Unterstützung des Einzelspielers bis zum Angriffsabschluß in das andere Spielfeld nachrücken
- Es wird durchgehend mit zwei Angreifern in der gegnerischen Hälfte gespielt (3+2:2+3)

3:3:3 auf drei Tore

Drei Mannschaften spielen in einem Spielfeld von der doppelten Strafraumgröße auf drei in einem Dreieck zueinander angeordneten Normaltore mit Torwart. Die jeweils ballbesitzende Mannschaft spielt alleine auf die Tore der beiden anderen. Diese versuchen gemeinsam, den Ball zu erobern, aber dann jeweils allein zum Torabschluß zu kommen.

Normaltore mit Torwart. In Tabuzonen links und rechts des Spielfeldes befinden sich jeweils ein bis zwei neutrale Flankengeber. Das Spiel beginnt mit einem Anspiel durch einen der beiden Torwarte auf einen neutralen Spieler in einer der Tabuzonen. Dieser flankt nach einem Dribbling zur Grundlinie des Spielfeldes vor das andere Tor. Die angreifende Mannschaft soll aus der Flanke ein Tor erzielen. Ist dies direkt durch Kopfstoß oder Torschuß nicht möglich, so wird bis zum Torabschluß weitergespielt. Die abwehrende Mannschaft versucht ihrerseits, den Torabschluß zu verhindern und nach Balleroberung selbst zum Torerfolg zu kommen. Nach Beendigung des Angriffes spielt der andere Torwart wieder einen Außenspieler an, und das Spiel beginnt von neuem.

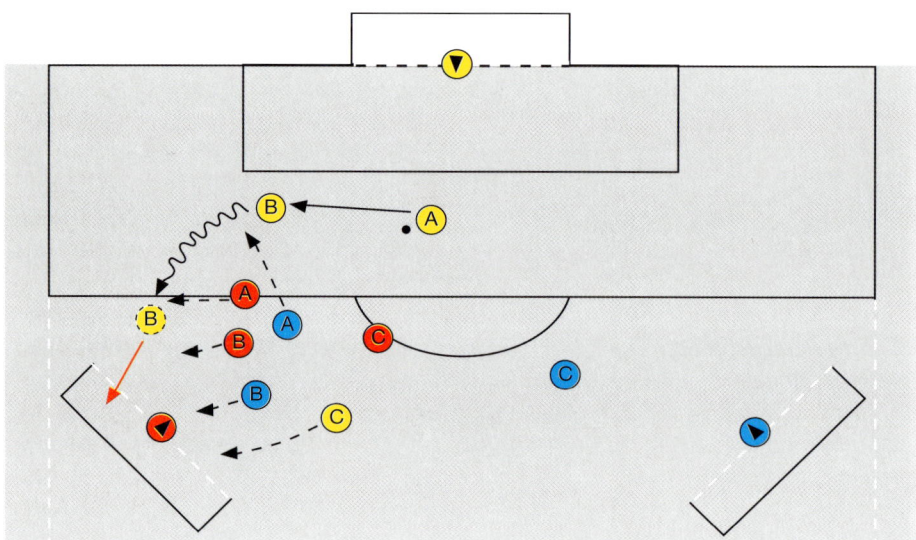

3:3:3 auf drei Tore

Flanke-Torschuß-Spiel

(Organisationsform siehe Seite 95 unten)
Zwei Mannschaften mit je drei bis vier Spielern spielen in einem Spielfeld von der doppelten Strafraumgröße auf zwei

Variation:
- Die Verteidiger müssen nach Balleroberung einen Außenspieler in einer Tabuzone anspielen und dürfen erst nach dessen Flanke aufs Tor schießen

Sturm gegen Abwehr auf zwei Tore

Abwehrspieler und Angriffsspieler bilden jeweils eine Mannschaft, die in einer Spielfeldhälfte auf zwei Großtore mit Torwart gegeneinander spielen. Freies Spiel: Alle Spieler beteiligen sich gleichermaßen an allen Angriffs- und Abwehraktionen der eigenen Mannschaft und versuchen, im Zusammenspiel oder durch gelungene Einzelaktionen auf schnellstmöglichem Wege zum erfolgreichen Torschuß zu kommen.

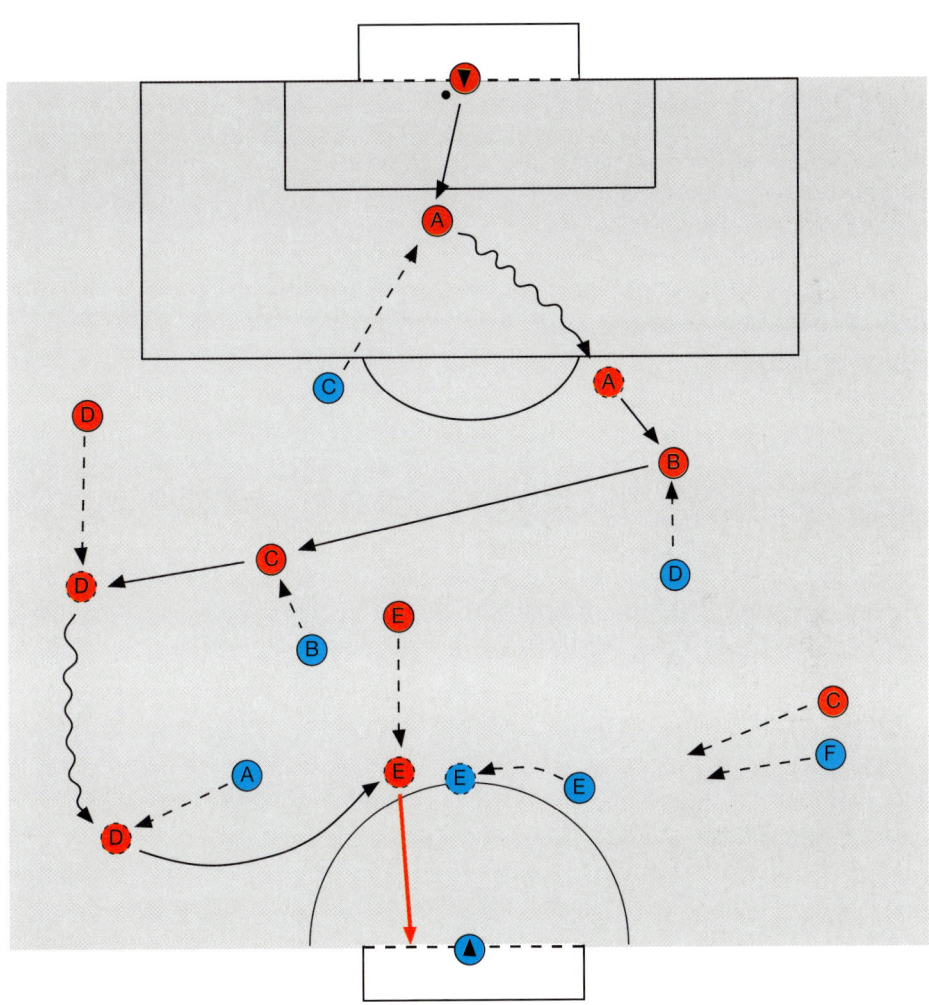

Sturm gegen Abwehr auf zwei Tore

Kopfballspiel

Aufbauend auf den Ballgewöhnungs-
übungen im Kindertraining wird im Jugendtraining die korrekte technische Ausführung und die Anwendung des Kopf-
ballspiels als taktisches Mittel im Wettkampf vermittelt. Hierzu gehört ein schnelles Erfassen der Spielsituation in bezug
auf Gegner, Mitspieler und Ballflugbahn,
richtiges Timing und eine situationsge-
mäße Ausführung des Kopfstoßes.

Kopfballspiel – Übungs- und Spielformen

Übereck

Je drei Spieler haben einen Ball. Zwei Tore
stehen in geringer Entfernung im rechten
Winkel zueinander. In jedem steht ein
Spieler als Torwart, der dritte Spieler steht
vor den Toren. Abwechselnd spielen die
Torwarte dem Feldspieler den Ball in ständig variierender Höhe, Härte und Weite zu.
Dieser versucht, per Kopfball ein Tor zu erzielen. Er köpft den Ball dabei entweder
frontal zurück oder aus der Drehung heraus auf das seitlich stehende Tor.

Handball-Kopfballspiel

Zwei Mannschaften spielen in einem
Spielfeld von der doppelten Strafraumgröße auf zwei Normaltore ohne Torwart.
Das Prellen des Balles ist untersagt, und
mit dem Ball in der Hand darf nicht gelau-
fen werden. Zuspiele erfolgen mit der
Hand, der Torabschluß nur per Kopf.

Variationen:
- Zuspiel nur nach vorne
- Bei jedem zweiten Zuspiel muß der Ball geköpft werden

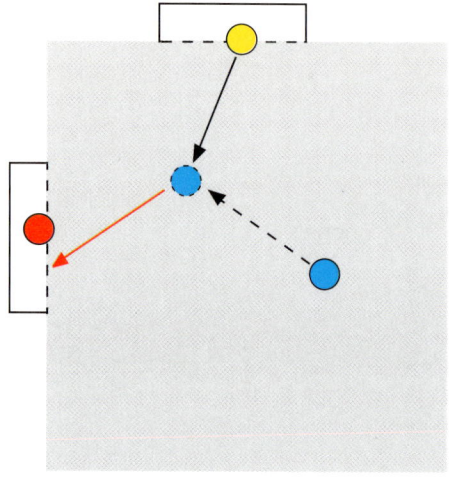

Übereck (aus der Drehung)

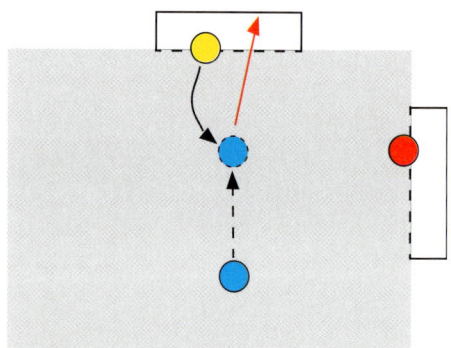

Übereck (frontal zum Tor)

Kopfballspiel 3:3 auf zwei Tore

Zwei Mannschaften spielen in einem Feld
von Strafraumgröße auf zwei Normaltore.
Der erste Spieler der angreifenden Mannschaft wirft/prellt den Ball zum zweiten
Spieler seiner Gruppe. Der köpft ihn so
zum Dritten, daß dieser bei der abwehrenden Mannschaft, deren Spieler alle im Tor
stehen, per Kopf ein Tor erzielen kann. Wird
ein Treffer erzielt, darf die Angreifermannschaft weiterspielen. Aufgabenwechsel

(Zuspielen/Köpfen) innerhalb und zwischen den Gruppen.

Variation:

● Mit fortschreitender Übungsdauer dürfen auch ein oder zwei Spieler der abwehrenden Mannschaft als Feldspieler im Feld fungieren. Diese dürfen aber nicht die Hände zum Abfangen des Balles benutzen. Wird aus der Abwehraktion heraus ein Tor erzielt, zählt dieses doppelt

Flanke-Kopfballspiel

Zwei Dreier- oder Vierergruppen spielen in einem Spielfeld von der doppelten Strafraumgröße auf zwei Normaltore mit Torwart.

An jeder Längsseite befinden sich außerhalb des Spielfeldes ein bis zwei neutrale Spieler, die abwechselnd hohe Flanken von rechts oder links auf die Spielergruppen zwischen den Toren schlagen. Diese wiederum versuchen jeweils mit Kopfstößen, beim Gegner zum Erfolg zu kommen beziehungsweise das eigene Tor zu verteidigen.

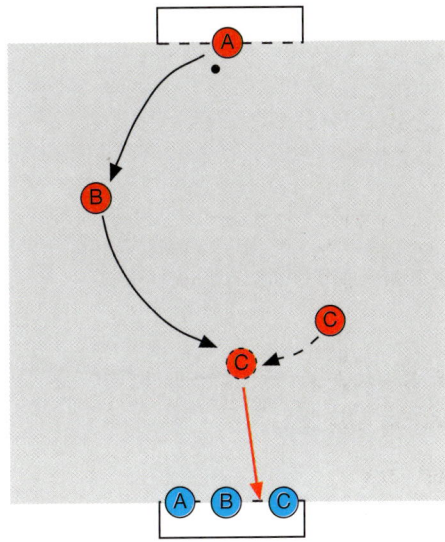

Kopfballspiel 3:3 auf zwei Tore

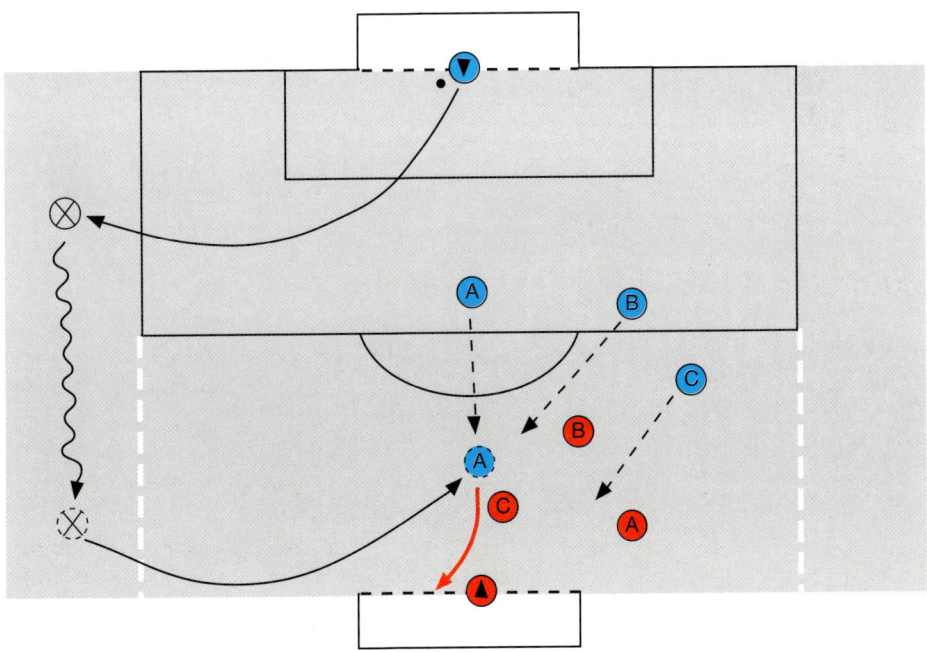

Flanke – Kopfballspiel

Torwartspiel

Aufbauend auf den grundlegenden Voraussetzungen und den ersten Wettkampferfahrungen werden die zukünftigen Torwarte auf dieser Position spezialisiert. Der Ausbildungsschwerpunkt liegt neben der Vertiefung der Torwarttechniken vor allem im taktischen Bereich (wie Stellungsspiel, Herauslaufen). Durch Anwendung in spielnahen Situationen wird das Erlernte in taktisch richtiges Verhalten für den Wettkampf umgesetzt. Daneben bleiben aber alle Übungen aus dem Kindertraining weiterhin fester Bestandteil des Torwarttrainings, zum Beispiel im Aufwärmprogramm oder als eigenständiger Hauptteil unter koordinativen Gesichtspunkten.

Die nachfolgenden Übungen können mit einem oder mehreren Feldspielern als Trainingspartner durchgeführt werden. Da die Belastungen im Spiel kurze und explosive Aktionen des Torwarts erfordern, die mit hoher Konzentration ausgeführt werden müssen, und häufig längere Pausen zwischen den einzelnen Belastungen entstehen, werden auch im Training nur wenige Wiederholungen (4–6) pro Schußserie vom Torwart abverlangt. Mit fortschreitender Schulungsdauer werden die Übungsschwerpunkte miteinander kombiniert. So entsteht ein Training, das sich an den Erfordernissen des Spieles orientiert.

Abwehr von flachen, harten Schüssen nahe zum Körper des Torwarts

Ein oder mehrere Spieler schießen aus kurzer Entfernung nahe zum Körper des Torwarts hart und flach aufs Tor. Um schnell „abtauchen" zu können, entlastet der Torwart das ballnahe Bein und schlägt es explosiv nach vorne. Es darf nicht zu einem Sprung nach oben abgedrückt werden, da dies Zeitverlust bedeutet. Die ballnahe Hand/beide Hände hinter den Ball bringen.

Abwehr von flachen, harten Schüssen

Bei einem Schuß aus naher Distanz auf die „kurze Ecke"...

... darf der Torwart keine Angst haben, seinen Körper dem Ball entgegenzustellen

Abwehr von halbhohen/hohen Torschüssen auf die „kurze Ecke"

Aus kurzer Distanz wird schräg zum Tor stehend halbhoch/hoch in Richtung des vorderen Torpfostens (kurze Ecke) geschossen.

Der Torwart geht dem Schützen nach vorne durch ein Stangentor entgegen und versucht, mit einer Hand oder beiden Händen den Ball so früh wie möglich zu fangen oder abzuwehren. Der Torwart darf nicht nach hinten fallen, da er sonst die Lücke für Überkopfschüsse öffnet. Er darf keine Angst haben, seinen Körper dem Schuß entgegenzustellen. Er darf sich nicht zu früh bewegen und soll erst dann reagieren, wenn der Angreifer geschossen hat.

Bei Bällen, die seitlich am Torwart vorbeigehen, darf er nicht parallel zur eigentlichen Torlinie springen, sondern parallel zu der gedachten des Stangentores. Auch hier muß er sich dem Ball nach vorne entge-

genwerfen oder -hechten, da sonst der Raum für Schüsse in Richtung des hinteren Torpfostens („langes Eck") zu groß wird.

Abwehr von halbhohen/hohen Schüssen frontal aufs Tor

Aus kurzer Distanz wird frontal zum Tor stehend halbhoch/hoch aufs Tor geschossen. Der Torwart geht dem Schützen nach vorne durch ein Stangentor entgegen und versucht, mit einer Hand oder beiden Händen den Ball so früh wie möglich zu fangen oder abzuwehren. Der Torwart darf nicht nach hinten fallen, da er sonst die Lücke für Überkopfschüsse öffnet. Er darf keine Angst haben, seinen Körper dem Schuß entgegenzustellen. Er darf sich nicht zu früh bewegen und soll erst dann reagieren, wenn der Angreifer geschossen hat.

Erläuterung: Das Stangentor dient als Hilfstor zur Schulung des Herauslaufens bei Schüssen auf das Tor oder in der Situation 1:1. Bei dem fälschlicherweise als „Winkel verkürzen" bezeichneten Vorgang des Herauslaufens handelt es sich vielmehr um ein „Tor verkleinern" – dies sowohl aus der Sicht des Schützen, als auch aus der des Torwartes.

Das Stangentor wird entsprechend der Schußentfernung und des Schußwinkels vor dem eigentlichen Tor über den vorderen/hinteren/linken/rechten Pfosten als Bezugspunkte aufgebaut. Bei allen geraden Schüssen hat der Torwart nur dieses Tor zu verteidigen. Alle Abwehraktionen müssen parallel zur gedachten Torlinie des Hilfstores stattfinden.

Hat der Torwart sich zum Herauslaufen entschieden, ...

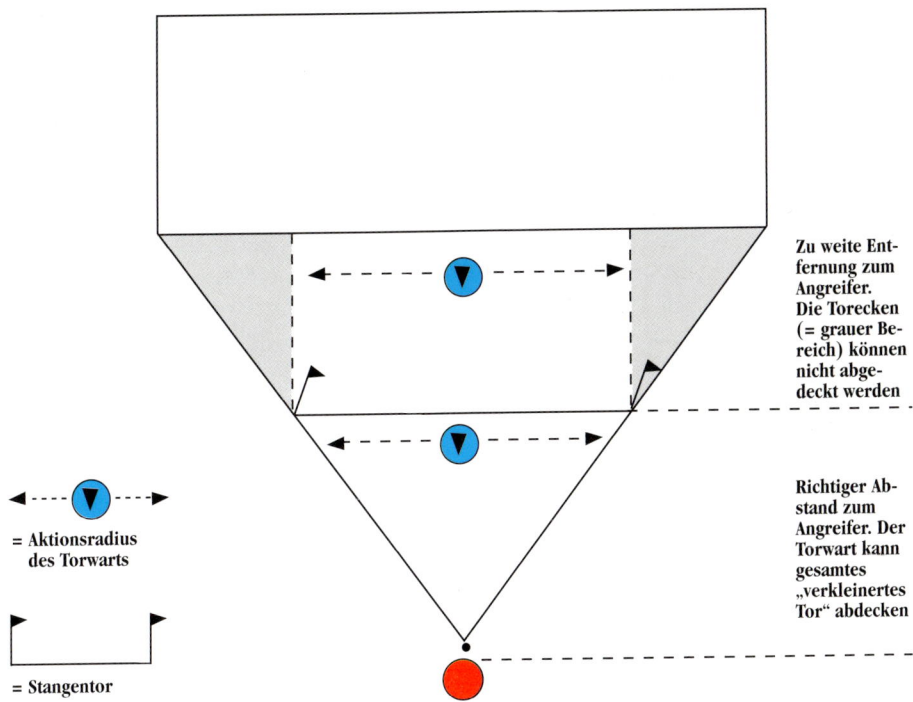

Zu weite Entfernung zum Angreifer. Die Torecken (= grauer Bereich) können nicht abgedeckt werden

Richtiger Abstand zum Angreifer. Der Torwart kann gesamtes „verkleinertes Tor" abdecken

= Aktionsradius des Torwarts

= Stangentor

Überdribbeln verhindern

Der Torwart läuft so nahe wie möglich an den Angreifer heran (Situation 1:1), bleibt dann stehen und „macht sich breit": Etwa hüftbreiter Stand auf den Fußballen, die Hände weit gespreizt seitlich auf Kniehöhe, der Oberkörper leicht nach vorne gebeugt. In dieser Situation wartet der Torwart ab und überläßt dem Angreifer die Verantwortung. Erst wenn dieser sich den Ball zu weit vorlegen sollte, greift der Torwart aktiv an. Hat sich der Torwart entschieden herauszulaufen, darf er nicht zögern oder wieder zurückgehen. Dies würde seine Chance, auf Erfolg der Aktion stark mindern.

... darf er nicht zögern oder wieder zurückgehen

Abwehr von „gelupften" Bällen

Aus verschiedenen Entfernungen und Richtungen werden Bälle aufs Tor „gelupft" (der Torwart steht einige Schritte vor seinem Tor). Sobald der Ball gespielt ist, dreht sich der Torwart zur Seite des Balles und läuft unter dessen Flugbahn mit. So spät wie möglich – um den Ball nicht selbst ins Tor zu stoßen – springt er mit dem ballentfernten Bein ab und drückt oder faustet den Ball über oder neben das Tor. Er darf niemals rückwärts laufen, da hierbei nur ein flacher Absprung möglich ist, und er Gefahr läuft, mit dem Ball rückwärts ins Tor zu fallen.

Abfangen/Wegfausten von Flanken

Abwechselnd werden von links und rechts Flanken vor das Tor geschlagen. Der Torwart steht dabei (von der Ballseite gesehen) im hinteren Drittel seines Tores, um „in den Flankenball" hineinlaufen zu können. Nach einem möglichst geraden Anlauf frontal aus seinem Tor heraus springt er einbeinig mit dem ballnahen Bein ab, dreht sich erst in der Luft zum Ball und fängt oder faustet den Ball hoch überkopf. Hat sich der Torwart einmal zum Herauslaufen entschieden, um die Flanke abzufangen/wegzufausten, darf er nicht zögern oder wieder zurücklaufen.

Abwehr von „gelupften" Bällen

Angriffsaufbau

Zwei Mannschaften spielen in einer Spielfeldhälfte auf zwei Normaltore mit Torwart. Dieser hat bei Ballbesitz die Aufgabe, möglichst schnell mit gezieltem Abrollen, Abwerfen oder Abschlagen des Balles auf sich anbietende Mitspieler für seine Mannschaft den Gegenangriff einzuleiten. In den meisten Spielsituationen ist es sinnvoll, den eigenen Angriff mit einem Zuspiel auf die gegenüberliegende Angriffsseite einzuleiten. Der Torwart muß sich schon vor dem Fangen des Balles einen Überblick über die Gesamtsituation verschafft haben.

Variationen:
- Spiel auf ein Normaltor mit Torwart. Die Mannschaft des Torwarts spielt auf zwei Kontertore an der Mittellinie
- Das gleiche Spiel wie eben, nur darf der Torwart mit Abwurf/Abschlag durch die Kontertore selbst Tore erzielen

Torwart als Libero

Zwei Mannschaften spielen in einer Spielfeldhälfte oder auf dem gesamten Spielfeld auf Normal- oder Kleinfeldtore, die Torwarte übernehmen die Liberoposition. (Erläuterung: Durch die heutige Spielweise und den Änderungen im Regelwerk wird der Torwart stärker als Feldspieler gefordert. So muß er zum Beispiel bei aufgerückter eigener Abwehr lange Bälle des Gegners

auch außerhalb seines Strafraumes sicher – ohne Handeinsatz – abfangen können. Rückpässe vom Mitspieler mit dem Fuß gespielt, dürfen vom Torwart nicht mehr mit der Hand aufgenommen werden. Für diese Fälle der Ballkontrolle muß er ebenfalls über gute Feldspielereigenschaften verfügen. Um diese technisch-taktische Aufgabe lösen zu können, sollte der Torwart im Training auch als Libero spielen.)

Ein gezielter Abwurf leitet den nächsten Angriff der eigenen Mannschaft ein

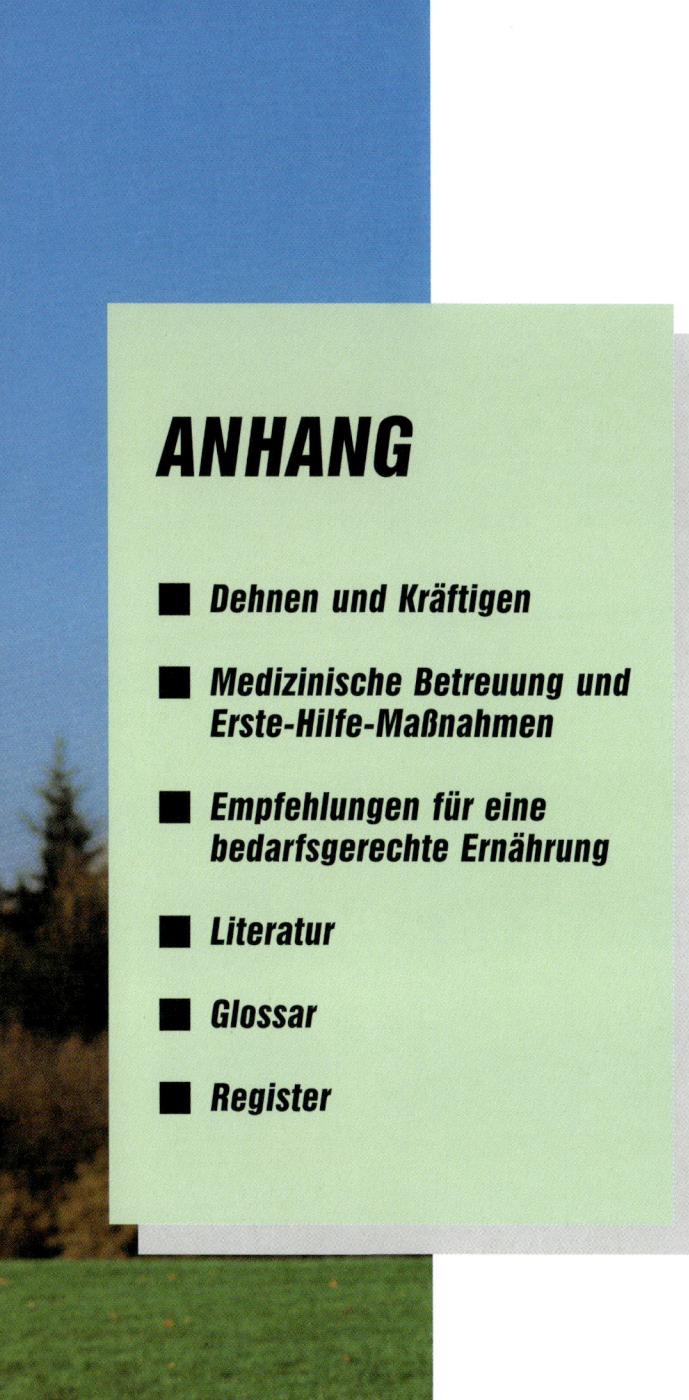

ANHANG

Dehnen und Kräftigen

Das Fußballspiel stellt hohe Anforderungen an die Kraft und Beweglichkeit der Kinder und Jugendlichen. Betrachtet man diese Anforderungen genauer, so zeigt sich, daß eine enge Beziehung zwischen diesen beiden konditionellen Fähigkeiten besteht. Ein Spannstoß oder ein Tackling kann nämlich nur optimal und ohne Verletzungsgefahr ausgeführt werden, wenn neben der Muskelkraft auch eine gut ausgebildete Beweglichkeit vorhanden ist und umgekehrt.

Die Beweglichkeit ist abhängig von der Gelenkform und der Elastizität der die Gelenke umgebenden Sehnen und Bänder, aber auch in hohem Maße von der Dehnfähigkeit der Muskulatur. Stretching ist das geeignete Trainingsmittel zur Erhaltung und Verbesserung der Elastizität und der Dehnfähigkeit und dient zudem der Verletzungsvorbeugung.

Regelmäßige Kräftigungsübungen sind unter anderem deshalb wichtig, weil es trotz vielfältiger Spiel- und Übungsformen zu Bewegungsanforderungen kommt, die sich häufig wiederholen, und so zu einer einseitig gekräftigten Muskulatur führen können. Diese Ungleichgewichte zwischen verschiedenen Muskelgruppen können sowohl Muskelverletzungen als auch Gelenkschäden zur Folge haben. Gezielte Kräftigungsübungen schützen vor Verletzungen und frühzeitigen Verschleißerscheinungen.

Dehnungs- und Kräftigungsübungen sollten deshalb fester Bestandteil des Trainings sein. Kindgemäß bereits im Kindertraining eingeführt, sind sie besonders im Jugend- und Seniorentraining wichtig zur Erlangung und Erhaltung der Leistungsfähigkeit des Fußballers.

Dehnübungen

Beim Dehnen (Stretching) sollte die Dehnzeit zwischen 10–20 Sekunden je Übung betragen und pro Muskelgruppe zweimal wiederholt werden.

Die Bewegung ist gehalten, es wird nicht gefedert oder gewippt. Zwischen den einzelnen Dehnungen werden kurze, leichte Lockerungsübungen durchgeführt.

Bei kalter Witterung sollte das Stretching nicht an einem Stück absolviert werden, sondern es sollten jeweils nur ein bis zwei Muskelgruppen zwischen den einzelnen Übungen des einleitenden Trainingsteils gedehnt werden, um ein Auskühlen zu vermeiden.

Übung 1

Zielsetzung: Dehnung der Rückenmuskulatur

Ausgangsstellung: In der Hocke auf den Fußballen

Bewegungsausführung: Beide Hände umfassen die Knie und ziehen den Oberkörper auf die Oberschenkel

Übung 2
Zielsetzung: Dehnung der Adduktorenmuskulatur (Beinanzieher)
Ausgangsstellung: Seitgrätschstand, Oberkörper aufrecht
Bewegungsausführung: Gewichtsverlagerung auf das ausgestellte Bein bis etwa zur halben Kniebeuge

Übung 3
Zielsetzung: Dehnung der Abduktoren (Beinabspreizer)
Ausgangsstellung: Ein Bein hinten überstellen, Oberkörper aufrecht
Bewegungsausführung: Gewichtsverlagerung nach der Seite des übergestellten Beines

Übung 4
Zielsetzung: Dehnung der vorderen Oberschenkelmuskulatur (Kniestrecker)
Ausgangsstellung: Aufrechter Stand, Beine geschlossen, Hüfte gestreckt
Bewegungsausführung: Linkes Bein nach hinten anwinkeln und mit der rechten Hand den linken Fußrist greifen und Ferse zum Gesäß ziehen (Bein wechseln)
→ Standbein muß gestreckt bleiben. Mit dem Oberkörper nicht nach vorne kippen!

Übung 5
Zielsetzung: Dehnung der hinteren Oberschenkelmuskulatur (Kniebeuger)
Ausgangsstellung: Einbeiniger Kniestand, ein Bein lang nach vorne gestreckt, Fußspitze angezogen, Oberkörper aufrecht
Bewegungsausführung: Oberkörper nach vorne in Richtung gestrecktes Bein schieben (Bein wechseln)
→ Rücken gerade halten!

Übung 6
Zielsetzung: Dehnung der Wadenmuskulatur und der Hüftbeuger
Ausgangsstellung: Ausfallschritt, beide Fußspitzen zeigen nach vorne, Rücken ist gerade, Hände stützen sich auf dem vorderen Bein ab
Bewegungsausführung: Ferse auf den Boden drücken, Hüfte strecken (Bein wechseln)

Kräftigungsübungen

Die Kräftigungsübungen werden in Abhängigkeit vom jeweiligen Trainingszustand 8–12mal bei 2–4 Serien wiederholt. Die Bewegungen müssen langsam ausgeführt werden.

Übung 3

Zielsetzung: Kräftigung der Arme und des Schultergürtels

Ausgangsstellung: Bankstellung, die Fingerspitzen zeigen etwas nach innen, die Füße sind verschränkt

Bewegungsausführung: Beugen und Strecken der Arme, gleichzeitig versuchen die Füße auseinanderzudrücken

Übung 1

Zielsetzung: Kräftigung der Rückenmuskulatur

Ausgangsstellung: Bankstellung

Bewegungsausführung: Wechselweises diagonales Heben und Strecken von Armen und Beinen bis zur Waagerechten (Position jeweils 10–20 Sekunden halten)

Übung 4

Zielsetzung: Kräftigung der geraden Bauchmuskulatur

Ausgangsstellung: Mit dem Rücken flach auf den Boden legen, Arme liegen neben dem Körper. Die Beine sind angezogen, Ober- und Unterschenkel bilden etwa einen 90°-Winkel

Bewegungsausführung: Durch das Nachvorneschieben der Hände den Oberkörper „einrollen".

→ Unter- und Oberkörper nicht klappmesserartig zueinanderschnellen!

Übung 2

Zielsetzung: Kräftigung der schrägen Bauchmuskulatur

Ausgangsstellung: (siehe vorangegangene Übung), die Hände sind nun vor der Brust gefaltet

Bewegungsausführung: Die Hände jeweils links oder rechts an den Oberschenkeln vorbeischieben und den Oberkörper „einrollen"

Medizinische Betreuung und Erste-Hilfe-Maßnahmen

Verantwortungsvolle Kinder- und Jugendtrainer und -betreuer werden bei Verletzungen oder allgemeinen gesundheitlichen Problemen ihrer Spieler sehr zurückhaltend mit eigenen Diagnosen oder Behandlungen sein. Um die Gesundheit der Heranwachsenden zu schützen, muß bei Zweifeln über die Art und Schwere einer Verletzung in jedem Fall ein Arzt aufgesucht werden. Grundsätzlich sollten Betreuer Kontakt zu einem Sportarzt halten, der jederzeit um Rat gefragt werden kann. Neben der obligatorischen Sporttauglichkeitsprüfung vor Aufnahme des Trainings- und Spielbetriebs sollten Betreuer auf regelmäßige internistische und orthopädische Untersuchungen hinwirken, um Spätschäden vorzubeugen.

Generell sollten alle Trainer und Betreuer, die im Kinder- und Jugendbereich tätig sind, einen **Erste-Hilfe-Kurs** absolvieren und diese Kenntnisse regelmäßig auffrischen.

Bei Verletzungen im Training oder Spiel, insbesondere bei **Prellungen, Zerrungen oder Verstauchungen**, sollten Laien als Erste-Hilfe-Maßnahme nur eine kurze **Kältebehandlung mit Natureis** (keine Eissprays oder Salben!) anwenden. Hierbei wird ein in Eiswasser getauchter Schwamm mit einer elastischen Binde auf die verletzte Stelle gedrückt und fixiert. Anstelle des Schwamms kann auch zerkleinertes Eis oder Eiswürfel in Frühstücksbeutel gefüllt verwendet werden. Die handelsüblichen Kühl- oder Eissprays sind für die Behandlung von Sportverletzungen nicht geeignet und sogar schädlich! Zur Schmerzlinderung und um die bei diesen Verletzungen entstehende Schwellung im Gewebe zu stoppen, sollte die Kühlung in Verbindung mit der Kompression und Hochlagerung der verletzten Stelle über 15–25 Minuten aufrechterhalten werden. Weitere Kühlungen in den folgenden Stunden und Tagen sind wenig sinnvoll, da durch zusätzliche Kältebehandlungen die Wundheilung gehemmt werden kann.

Eine **Eisbehandlung** darf niemals zur Schmerzbetäubung mißbraucht werden. Anhaltende Schmerzen sind ein sicheres Zeichen für eine stärkere Verletzung: ein Arztbesuch ist erforderlich.

Kleinere Schürf- und Platzwunden sollten mit einem handelsüblichen Desinfektionsmittel (in Sprayform!) behandelt und anschließend mit einem Pflaster abgedeckt werden.

Bei größeren Platzwunden wird eine saubere Wundauflage mit Verband angelegt. Die weitere Versorgung muß ein Arzt übernehmen.

In diesem Zusammenhang ein Hinweis: Jeder Fußballspieler sollte über einen ausreichenden Tetanusschutz verfügen! Daher sollten Betreuer die Eltern auf diese für ihr Kind wichtige Vorbeugemaßnahme bereits vor Aufnahme des Trainings hinweisen.

Bei **Nasenbluten** wird ein nasses, kaltes Tuch in den Nacken gelegt und der Kopf nach vorne genommen, damit kein Blut in den Rachen läuft.

Im Sommer kann ein zu langer Aufenthalt in der Sonne – zum Beispiel bei einem Turnier – zu einem **Sonnenstich,** oder eine schwülwarme Witterung bei gleichzeitiger körperlicher Belastung zu einem **Hitzschlag** führen. Beide Male kommt es zu Schwindelgefühlen, erhöhter Körpertemperatur sowie Brechreiz, und in beiden Fällen lagert man den betroffenen Spieler flach an einem kühlen, schattigen Ort. Zusätzlich legt man ihm feuchte kühlende Umschläge auf die Stirn. Flüssigkeitsverluste sollten durch kalte Getränke (nicht zu hastig trinken)! ausgeglichen werden.

Bei **Knochenbrüchen** muß das betroffene Körperglied sofort ruhiggestellt und der Transport zu einem Unfallarzt oder in ein Krankenhaus veranlaßt werden.

Bei Kindern sind sogenannte Grünholzbrüche sehr häufig. Der noch knorpelige Knochen bricht zwar, findet aber aufgrund der noch weichen Struktur in seine alte

Form zurück. Also Vorsicht auch bei leichten Schmerzen: Wird ein solcher Bruch aber übersehen oder nicht behandelt, kann dies zu irreparablen Folgeschäden, wie Wachstumsproblemen, führen.

Aber nicht nur bei akuten Verletzungen ist die Fürsorgepflicht von Kinder- und Jugendbetreuern gefordert. So kann eine zu frühe Aufnahme des Trainings- und Spielbetriebes nach einer **eitrigen Infektion,** beispielsweise einer Mandelentzündung, zu einer Herzmuskel- oder einer Nierengewebsentzündung führen.

Sowohl nach einer Grippe als auch nach eitrigen Infekten sollte zwischen Infektionsende und Trainingsbeginn mindestens ein Abstand von zwei bis vier Wochen liegen. Im Zweifelsfall und zur Sicherheit des Spielers sollte stets ein Arzt befragt werden.

(Nähere Informationen zum Thema finden Sie bei: „Hinrichs, H.-U.: Sportverletzungen. Reinbek bei Hamburg 1989")

Empfehlungen für eine bedarfsgerechte Ernährung

(PROF. DR. TROPH. M. HAMM)

Fit für den Sport – dazu gehört neben dem richtigen Training eine ausgewogene Ernährung. Jedes Mehr an körperlicher Aktivität kostet auch mehr Energie. Für diese Zusatzleistung brauchen wir mehr Nährstoffe (Kohlenhydrate, Eiweiß, Fett, Vitamine, Mineralstoffe, Wasser). Diese sind in Lebensmitteln enthalten. Essen und Trinken stellen somit die Energie für Training und Wettkampf bereit und versorgen uns mit lebensnotwendigen Nährstoffen, die für den Aufbau und die Funktion von Muskelzellen unverzichtbar sind.

Ernährung bestimmt daher maßgeblich die sportliche Leistungsfähigkeit und wird auch im Fußballsport immer wichtiger.

Ernährung als Erfolgskonzept

Die ideale Ernährung für alle Spielsportler sieht so aus:

- viel Kohlenhydrate (Stärke und Zucker),
- wenig(er) Fett und
- ein ausgewogenes Eiweißangebot aus pflanzlichen und tierischen Lebensmitteln.

Hinzu kommt die Empfehlung, mehrere kleine Portionen über den Tag verteilt zu essen und zu trinken. So läßt sich das „Durchhängen" in der Schule oder der Leistungseinbruch auf dem Sportplatz verhindern.

Das beste „Präparat" für sportlichen Erfolg ist immer noch eine vollwertige Ernährung. Vor allem kohlenhydratreiche Lebensmittel, die Stärke und Zucker enthalten (also Brot, Haferflocken, Müsli, Reis, Kartoffeln, Nudeln, Obst, Gemüse, Säfte sowie zuckerhaltige Produkte und Snacks) machen fit und bilden das solide Fundament einer optimalen Sportlerernährung. Mehr als die Hälfte, genauer gesagt 55 bis 60 Prozent der täglich benötigten Kalorien sollen aus Kohlenhydraten stammen (in der Spielvorbereitung auch 65 Prozent). 10 bis 15 Prozent Eiweißanteil genügt für den Aufbau und den Erhalt von Körpersubstanz. Die restlichen 25 bis 30 Prozent der Energiezufuhr entfallen auf die Nahrungsfette. Es kommt also insgesamt auf einen ausgewogenen Speiseplan an, der die Vielfalt der Lebensmittel in der richtigen Menge berücksichtigt.

Optimale Kalorienverteilung in der Ernährung des Fußballspielers

Die Grafik auf der rechten Seite zeigt die Verteilung für einen jugendlichen Fußballspieler mit 2 Stunden Training am Tag (Energieumsatz: circa 3 800 kcal).

45 Nährstoffe für die Fitneß

Die richtige Kombination der verschiedenen Lebensmittel garantiert nicht nur ein Kohlenhydrat-Eiweiß-Fett-Verhältnis in der Ernährung, das für die sportliche Leistung vorteilhaft ist, sondern versorgt uns auch mit vielen „Hochleistungselementen". Damit sind Vitamine und Mineralstoffe (Mengen- und Spurenelemente) gemeint – vom Vitamin A über den Mineralstoff Magnesium bis hin zum Spurenelement Zink. Mehr darüber auf Seite 114.

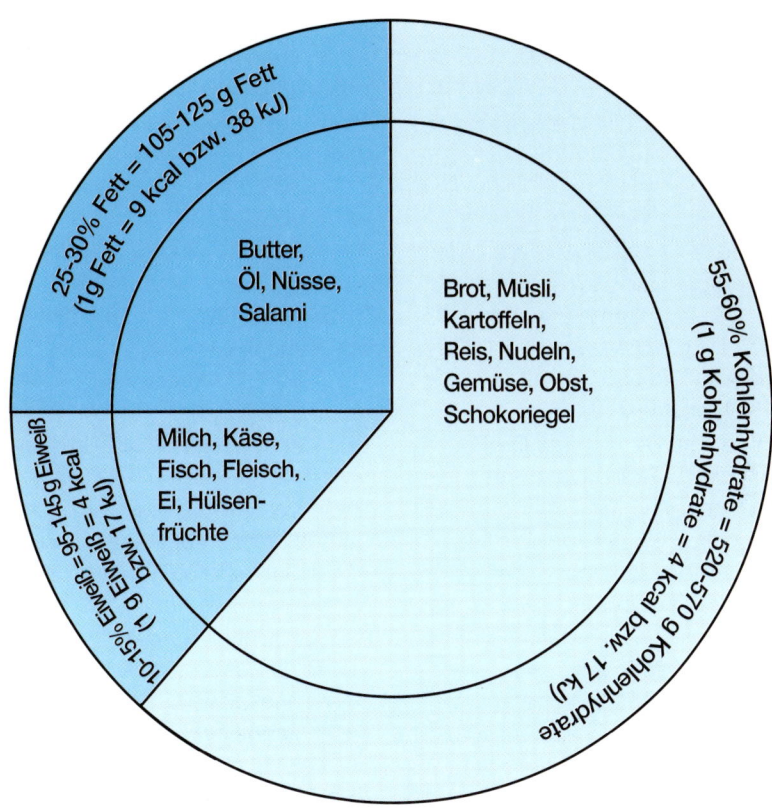

Optimale Kalorienverteilung in der Ernährung eines jugendlichen Fußballspielers

Für Gesundheit, Fitneß und Leistungsfähigkeit benötigen wir insgesamt circa 45 Nährstoffe. Nur ein abwechslungsreicher Speiseplan bringt uns die Vielfalt der Nährstoffe.

Übrigens: Wer seinem erhöhten Energieumsatz entsprechend mehr ißt, hat auch die besten Chancen, genügend Eiweiß, Vitamine und Mineralstoffe aufzunehmen, da der Bedarf an diesen Nährstoffen sicherlich nicht überproportional zum Energiebedarf steigt. Auf die Auswahl der Lebensmittel sollte man jedoch achten. Am besten sind vitamin- und mineralstoffreiche Lebensmittel wie Gemüse, Obst, Vollkornprodukte, Milch, fettarme Milchprodukte und mageres Fleisch.

Wer Fußball spielt, muß ausreichend trinken!

Bei der Aufzählung der Nährstoffe dürfen wir auf keinen Fall das Wasser vergessen – unser wichtigstes Transport- und Kühlmittel. Wer Sport treibt, kommt bekanntlich ins Schwitzen. Ein Wassermangel wirkt sich aber schneller leistungsmindernd aus als jeder andere Nährstoffmangel. Bereits 2 Prozent Flüssigkeitsverlust – das entspricht bei einem 60 kg schweren Sportler 1,2 l (bei einem 40 kg schweren Sportler 0,8 l) – führen zu einem Leistungsabfall. Wer wissen will, wieviel Flüssigkeit genau beim Sport verloren geht, muß sich vor und nach dem Training/Wettkampf wiegen. Der Gewichtsverlust in Kilogramm entspricht in etwa dem Wasserverlust in Liter. Besonders während längerdauernder sportlicher Belastungen empfiehlt es sich, rechtzeitig, das heißt, bevor der große Durst kommt, zu trinken und dabei leicht kohlenhydrat- und natriumhaltige Getränke zu wählen (20–80 g Kohlenhydrate und mehr als 200 mg Natrium pro Liter). Diese Mischung ist schmackhaft, gut verträglich und sorgt für einen raschen Wasserersatz. Geeignet sind spezielle Sportlergetränke oder Obstsäfte, die mit natriumhaltigem Mineralwasser gut verdünnt sind. Natürlich sollte man in jedem Fall vermeiden, bereits mit einem Flüssigkeitsdefizit zu starten. Nach dem Training oder Spiel leiten kohlenhydrathaltige Getränke die Regeneration am besten ein.

Warum sind Kohlenhydrate das Muskelbenzin des Fußballspielers?

Mit Kohlenhydraten als Energiequelle können Muskeln am besten, das heißt am ökonomischsten arbeiten, für Gehirnzellen sind sie der einzig verwertbare Nährstoff. Kohlenhydrate können sowohl mit Sauerstoff als auch ohne Sauerstoff – im letzteren Fall besonders schnell – Energie liefern. Sie kommen im Körper als Einfachzucker im Blut vor und werden als Glykogen in der Leber und in der Muskulatur gespeichert.

Kohlenhydratreiche Kost erhöht den Glykogengehalt, das heißt den vorteilhaften Energiespeicher im Muskel, und damit die Belastbarkeit im Ausdauersport. Je stärker die Belastungsintensität ausfällt, desto mehr Energie muß über Kohlenhydrate bereitgestellt werden. Maximalbelastungen wie Sprints sind mit „erschöpften" oder von Anfang an schlecht angelegten Glykogenspeichern nicht oder kaum möglich. Das Glykogen ist daher für die meisten sportlichen Belastungen, insbesondere aber für solche mit hohen Intensitäten und intervallartigen Wettkampfanforderungen von leistungsentscheidender Bedeutung. Im Fußballsport werden heute etwa 20 Prozent der gesamten Laufstrecke mit hohem Tempo absolviert!

Der wissenschaftliche Beweis: Kohlenhydrate im Leistungstest

Durch verschiedene wissenschaftliche Untersuchungen konnte nachgewiesen werden, daß Laufleistung, Schnelligkeit, Konzentration und Koordination vor allem in der zweiten Spielhälfte und bei Verlängerungen von gut angelegten Glykogendepots abhängen. Da statistischen Auswertungen zufolge die meisten Tore eines Fußballspiels in den letzten 15 Minuten fallen, entscheiden die Spieler mit den besten Energiereserven über den Spielerfolg. Bei häufigen Spielen, beispielsweise bei Turnieren oder Englischen Wochen, und bei intensivem Training dient die Ernährung nach dem Sport nicht nur der Regeneration, sondern muß schon wieder auf den nächsten Einsatz vorbereiten. Kohlenhydrate sind dazu gleichermaßen geeignet. Sie fördern die Regeneration, das heißt die Wiederauffüllung entleerter Glykogenspeicher, während fettreiche Kost und alkoholische Getränke sie deutlich verzögern.

Mehr Leistung mit mehr Glykogen

Leistungssportler sind mit dem Begriff „Kohlenhydrataufladung„ oder „Glykogensuperkompensation" vertraut. Durch eine genaue Abstimmung von Training und Ernährung kann eine besonders hohe Kohlenhydratspeicherung in der Arbeitsmuskulatur erzielt werden. Denn nach einer erschöpfenden Trainingsbelastung werden Kohlenhydrate nämlich am besten in den Muskel eingelagert. Es besteht ein regelrechter „Sogeffekt". In der Praxis erreicht man hohe Kohlenhydratvorräte so: Drei bis vier Tage vor dem Wettkampf wird das Training nach und nach reduziert, die Zufuhr von Nahrungskohlenhydraten aber gesteigert. Für die gute Anlage der Kohlenhydratspeicher sind komplexe und einfache Kohlenhydrate (Stärke und Zucker) gleichermaßen wirksam. Jetzt ist es nur noch wichtig zu wissen, wie man eine kohlenhydratreiche, aber fettkontrollierte Ernährung realisieren kann.

Tips zur Verbesserung der Kohlenhydrataufnahme

● Reis, Kartoffeln, Nudeln, Haferflocken, Müsli, Obst und Gemüse häufiger und in größeren Mengen essen (also Brot dicker schneiden und dünner belegen, z. B. mit Käse. Reis, Kartoffeln oder Nudeln sind zusammen mit dem Gemüse mengenmäßig Hauptbestandteil einer Mahlzeit)

● Kohlenhydratreiche Desserts bevorzugen (Obstsalat, Fruchtkaltschalen, Milchreis oder Griesflammeri mit Fruchtsaucen)

● Getränke und Speisen mit Kohlenhydratkonzentraten, wie Maltodextrinen (Stärkeabbauprodukte), anreichern

● Kohlenhydratreiche Snacks oder Zwischenmahlzeiten, wie Obst, Trockenobst, Fruchtschnitten, kohlenhydratreiche Riegelprodukte und Kekse essen

Fettbewußt essen und den Fettstoffwechsel trainieren

Unser Körper ist nicht auf einen „Brennstoff" festgelegt. Ob bei einer sportlichen Belastung mehr Kohlenhydrate oder Fette verbrannt werden, hängt vom Ernährungs- und Trainingszustand sowie von Dauer und Intensität der Belastung ab.
Fette sind die zweite Energiequelle des Körpers und bei Dauerleistungen unverzichtbar.

Ausdauertraining beeinflußt den Fettstoffwechsel auf folgende Weise: Erstens kommt es zur vermehrten Energiefreisetzung durch freie Fettsäuren, zweitens steigt die Sauerstoffversorgung der Muskulatur und damit ihre Fähigkeit, Fett zu verbrennen. Mit zunehmender Ausdauerleistung nimmt also die Fähigkeit des Muskels zur Energiegewinnung aus Fett zu. Fazit: Mit einem gut trainierten Fettstoffwechsel kann auch ein längerer sportlicher Einsatz ohne „Kohlenhydratstop" durchgehalten werden.
Mehr als 30 Prozent der Gesamtenergie sollten jedoch nur in Ausnahmefällen durch Fett gedeckt werden, um nicht die vorteilhafte Anlage der Glykogenspeicher zu beeinträchtigen.

Kann das legendäre Fußballersteak aus heutiger Sicht noch empfohlen werden?

Wer Fußball spielt, braucht Kraft, und wer Kraft braucht, muß Fleisch essen. So oder so ähnlich lauten häufige Aussagen, die jedoch was die Ernährung in der Vorbereitungsphase und am Spieltag betrifft, falsch sind. Fußball gehört zu den Schnellkraftsportarten, bei denen sich niedrige Belastungsintensitäten mit höchsten Beanspruchungen ständig abwechseln. Die hauptsächlichen Energielieferanten müssen daher, wie bereits erwähnt, Kohlenhydrate sein, die aber im Steak überhaupt nicht enthalten sind. Aus diesem Grunde ist also eine gemischte, kohlenhydratreiche Kostform vorzuziehen. Etwa zwei bis drei Stunden vor dem Training oder vor dem Spiel sollten etwa bis zu 500 kcal, und davon 55 bis 60 Prozent in Form von Kohlenhydraten zugeführt werden. Das heißt: cirka 75 g. Dazu besonders geeignet sind Früchtemüslis, kleine Reis- oder Nudelgerichte.
Grundsätzlich gilt: Brot, Nudeln, Reis, Kartoffeln, Gemüse und Obst machen die

Mahlzeiten kohlehydratreich, vorausgesetzt man ißt genügend davon.

Nun zum Eiweiß: Es ist richtig, daß die Eiweißzufuhrempfehlungen für Fußballspieler sich im Bereich von 1,2 bis 1,5 g pro Kilogramm Körpergewicht bewegen. Dieser Bedarf läßt sich mit einer gemischten Kost aus pflanzlichen (Brot, Haferflocken, Nudeln, Hülsenfrüchte) und tierischen (Milch, Käse, Fisch, Fleisch, Ei) Eiweißquellen leicht decken. Man muß also nicht unbedingt jeden Tag ein großes Steak essen, um gut mit Eiweiß versorgt zu sein. Fleisch hat als Bestandteil einer ausgewogenen Sportlerernährung heute ganz andere Pluspunkte, es ist nämlich eine gut verfügbare Quelle für die Leistungsvitamine der B-Gruppe und für die Spurenelemente Eisen, Zink und Selen. Konsequenterweise muß es daher in der Sportlerernährung heißen: Kohlenhydrate (Getreide, Kartoffeln, Gemüse) und Fleisch ergänzen sich optimal in einer ausgewogenen Ernährung.

Vitamine und Mineralstoffe auf einen Blick

Vitamine sind „Zündstoffe" für die Leistung, Mineralstoffe Aufbauelemente und Schutzstoffe für die Gesundheit. Welche Funktionen haben sie im einzelnen?

Vitamine des B-Komplexes
= Energievitamine; enthalten in Vollkornprodukten, Fleisch, Milch, Hülsenfrüchten.

Vitamine A (Provitamin A), C und E
= Zellschutzvitamine, wichtig für Abwehrkräfte; sie sind enthalten in Gemüse, Obst, Pflanzenölen, Nüssen.

Calcium
= Aufbaustoff für Knochen und Zähne; es ist enthalten in Milch und Milchprodukten sowie in Gemüse und calciumhaltigem Mineralwasser.

Kalium
= wichtig für die Muskelfunktion und die Glykogenspeicherung; es ist enthalten in Obst, Gemüse und Vollkornprodukten.

Magnesium
= fördert das Zusammenspiel von Nerv und Muskel, schützt vor Muskelkrämpfen; es ist enthalten in Gemüse, Vollkornprodukten, magnesiumhaltigem Mineralwasser, Nüssen, Hülsenfrüchten, Fleisch.

Eisen
= wichtig für den Sauerstofftransport im Blut und die Sauerstoffverwertung; es ist enthalten in Fleisch, Gemüse, Vollkornprodukten.

Zink und Selen
= Gesundheitsschutzstoffe, wichtig für Abwehrkräfte; sie sind enthalten in Fleisch, Fisch, Vollkornprodukten.

Die häufigsten Fehler in der Sportlerernährung, und wie man sie vermeiden kann

Wer die falschen „Brennstoffe tankt" – also fettreiche Kost statt kohlenhydratbetonter Ernährung – und sich überhaupt einseitig ernährt, darf sich über Leistungseinbußen nicht wundern. Übrigens: Leistungssportler reagieren auf Ernährungsfehler schneller und empfindlicher als jemand, der sich zwar fehlernährt, aber auch nicht fordert.

Der Hauptfehler in der Sportlerernährung ist das **schlechte Kohlenhydrat-Fett-Verhältnis**. Satte 40 Prozent Fettkalorien (im bundesdeutschen Durchschnitt) müssen auf knapp 30 Prozent abgespeckt werden. Nicht zuletzt ist eine fettreiche Ernährung der Hauptgrund für Übergewicht.

Wer zu häufig und einseitig auf fettreiche Fast-food-Angebote setzt, tankt Energie im „ungünstigen Mischungsverhältnis" und muß zudem mit Defiziten in der Vitamin- und Mineralstoffversorgung rechnen. Natürlich werden diese Produkte auch von Sportlern gern gegessen, weil sie praktisch überall leicht verfügbar sind. Es gibt aber genügend einfache Alternativen, die man ebenfalls schnell mal zwischendurch essen und trinken kann und die vom Nährstoffangebot besser abschneiden: Banane, (Vollkorn-)Kekse, Trockenobst, Fruchtschnitten, Fruchtsaft – auch mit Mineralwasser gemischt und in der Portionsflasche mitgenommen – und das fettarme belegte Pausenbrot.

Der zweite Fehler: **wenige, große Mahlzeiten.**

Weder mit leerem noch mit überfülltem Magen läßt sich gut Sport treiben. Öfter kleine leichte Mahlzeiten statt üppiger Portionen ist die Devise. Wer am Spieltag zu nervös ist, um richtig zu essen, profitiert davon, über den Tag verteilt kleine Happen zu knabbern, zum Beispiel Haferkekse, Knäckebrot, Bananenstückchen. Das ist besser als Fasten und liefert gleichzeitig Kohlenhydrate. Leicht lösliche Haferflocken im Fruchtsaft puffern die Säure ab, machen die kleine Flüssigmahlzeit magenfreundlich und liefern ebenfalls die wichtigen Kohlenhydrate.

Der dritte Fehler: **zu wenig Flüssigkeit.** Um die für Leistung und Gesundheit nachteiligen Folgen eines Wassermangels zu vermeiden, sollte man während längerdauernden sportlichen Belastungen alle 15 bis 20 Minuten etwa 150 bis 200 ml Flüssigkeit trinken. Auch beim Fußballspiel deshalb alle Gelegenheiten dazu nutzen und eine halbe Stunde vor dem Training oder vor dem Wettkampf 250 bis 300 ml trinken.

Für die Leistungsfähigkeit in der zweiten Spielhälfte ist sicherlich auch der richtige Pausenschluck, das heißt ein kohlenhydrathaltiges (bis zu acht Prozent Kohlenhydratanteil) und natriumhaltiges Getränk wichtig. Es sollte allerdings langsam getrunken werden. Zuckerreiche Limonaden, Milch und stark kohlensäurehaltige Getränke eignen sich als „Halbzeitgetränk" nicht. Nach dem Training coffeinhaltige Getränke und Alkohol meiden, da sie die Harnbildung und damit den Wasserverlust fördern.

Die vier Ernährungsabschnitte im Fußballsport

Keine Angst, wir wollen die Ernährung nicht unnötig kompliziert machen. Dennoch müssen die jeweiligen Anforderungen und Bedingungen von Training und Wettkampf ernährungsmäßig berücksichtigt werden.

Die **Trainingskost** im Fußballspiel ist eine ausgewogene Mischkost, die man auch als vollwertige Basiskost bezeichnen kann. Das Prinzip: kohlenhydratbetont, fettkontrolliert und Bevorzugung von vitamin- und mineralstoffreichen Lebensmitteln.

Da während des Spiels die Belastungsintensität ständig wechselt und dies besondere Anforderung an den Kohlenhydratstoffwechsel stellt, gilt bei den drei Ernährungsabschnitten **Wettkampfvorbereitung, Spieltag und Regenerationsphase** ebenfalls: Kohlenhydratbetonung bei gleichzeitiger Fettkontrolle. Bei der Ernährung am Spieltag stehen zusätzlich Fragen der Getränkeversorgung, der Mahlzeitenverteilung und der individuellen Verträglichkeit von Speisen und Getränken im Vordergrund. Blähende und fettreiche Speisen sind dann zu vermeiden.

Ernährungsfehler, die in der Vorbereitungsphase gemacht wurden, können allerdings am Spieltag kaum mehr ausgeglichen werden. Deshalb in der Vorbereitungsphase auf die Ernährung achten. Ziel ist die optimale Anlage von Energie- und Nährstoffspeichern, um vorzeitigen Mangelsituationen soweit wie möglich vorzubeugen.

Fitessen im Tagesverlauf

Folgende Lebensmittel und Speisen sind an Sporttagen empfehlenswert:

Frühstück:
- verschiedene Brot- und Brötchensorten
- Müsli
- frisches Obst oder Obstsalat
- Marmelade und Honig
- Joghurt und Quark
- Käse und fettarmer Aufschnitt
- Rührei oder gekochtes Ei
- Fruchtsäfte, Kaffee oder Tee

Zwischendurch

oder als Proviant für unterwegs (zum Beispiel im Bus):
- Obst
- Milchreis oder Joghurt mit Früchten
- fettarm belegte Brote
- Müsli
- Fruchtsäfte
- Kekse und Trockenobst, Fruchtschnitten oder kohlenhydratreiche Riegel
- Tee und spezielle Sportlergetränke

Mittag- oder Abendessen:
- fettarm belegte Brote und Brötchen, dazu ein großer Salat
- Rindfleischbrühe mit Gemüse und Reiseinlage
- Folienkartoffeln mit Kräuterquark und Salat
- Nudeleintopf mit Gemüse und Geflügelfleisch
- gefüllte Paprikaschote mit Reis, Tomatensauce und Salat
- Hühnerfrikasée mit Reis und Blattsalaten
- gegrillter oder gedünsteter Fisch mit Gemüse und Reis
- gefüllte Putenröllchen auf Gemüse mit Reis

- Gemüsepfanne mit geschnetzeltem Rindfleisch und Nudeln
- Fischwürfel auf Gemüse mit Reis
- Käsespätzle mit grünem Salat
- Milchreis mit Früchten

empfehlenswerte Zubereitungen:
- mit wenig Wasser garen, dünsten, dämpfen
- braten in Spezialpfannen oder im Tontopf
- grillen im Backofen

Auf panierte und in Fett gebratene Speisen ebenso wie auf Mayonnaise und fettreiche Saucen an Sporttagen besser verzichten.

Getränke:
- Mineralwasser
- Fruchtsaftschorlen, spezielle Sportlergetränke
- Molkengetränke oder Buttermilch
- Frucht- und Gemüsesäfte
- Tee (Schwarz-, Früchte- und Kräutertee), Kaffee, alkoholfreies Bier

Literatur

Bisanz, G./Gerisch, G.: Fußball. Reinbek bei Hamburg 1988

Brüggemann, D.: Kinder- und Jugendtraining. Schorndorf 1989

Deutscher Fußball-Bund (Hrsg.): Fußball-Lehrplan 2: Kinder- und Jugendtraining – Grundlagen. München–Wien–Zürich 1985

Deutscher Fußball-Bund (Hrsg.): Fußball-Lehrplan 3: Jugendtraining – Aufbau und Leistung. München–Wien–Zürich 1987

Hamm, M.: Fitness Ernährung. Reinbek bei Hamburg 1993

Hamm, M./Geiß, K.-R.: Sportlerernährung. Niedernhausen 1993

Hamsen, G./Daniel, J.: Fußball-Jugendtraining. Reinbek bei Hamburg 1990

Hoek, F.: Torwarttraining. München–Wien–Zürich 1990

Knebel, K.-P./Herbeck, B./Hamsen, G.: Fußball-Funktionsgymnastik. Reinbek bei Hamburg 1988

Koch, W./Möller, W.: Fußball-Spielformen für das Vereinstraining. o. O. 1990

Württembergischer Fußballverband (Hrsg.): Fußball-Praxis. 3. Teil: Jugendtraining I. Stuttgart 1986

Württembergischer Fußballverband (Hrsg.): Fußball-Praxis: 4. Teil: Jugendtraining II. Stuttgart 1985

Glossar

Antizipationsfähigkeit (Ballantizipation): Fähigkeit zum Vorausberechnen der Flugbahn, der Geschwindigkeit und Auftreffpunktes des Balles

Differenzierungsfähigkeit, kinästhetische: Fähigkeit zum zeitlich/räumlich exakt dosierten Krafteinsatz in Bewegungsphasen oder Teilkörperbewegungen

Distorsion: → Verstauchung

Entwicklungsstufen: Bestimmte Zeitabschnitte in der sportlichen (und der biologischen) Entwicklung des Kindes und Jugendlichen

Fähigkeiten, konditionelle: Wichtige Faktoren der sportlichen Leistungsfähigkeit. Abhängig vom Niveau der Kraft, Schnelligkeit, Ausdauer und Beweglichkeit

Fähigkeiten, koordinative: Wichtige Faktoren der sportlichen Leistungsfähigkeit. Leistungsvoraussetzungen für die spezifische und situationsgerechte Bewältigung von Bewegungen (Bewegungssteuerung)
Fähigkeit, Bewegungsabläufe zeitlich, räumlich und dynamisch optimal aufeinander abzustimmen

Gleichgewichtsfähigkeit: Fähigkeit zur Beurteilung der Lageposition des Körpers oder seiner Teile und zur Wiederherstellung des Gleichgewichtes bei Störungen

Grünholzbruch: Bruch des bei Kindern noch knorpeligen Knochens ohne Verletzung der Knochenhaut

Höchstleistungsalter: Zeitraum, in dem ein Sportler über die besten körperlichen und geistigen Voraussetzungen zur persönlichen Höchstleistung verfügt

Intensität (Trainingsintensität): Stärke, Dauer sowie Anzahl und Dichte der Wiederholungen eines Trainingsreizes, z. B. im Technik- oder Konditionstraining

Kontusion: → Prellung

Leistungsbereitschaft: Wille eines Sportlers zum Erbringen einer optimalen sportlichen Leistung auf der Basis des Leistungsvermögens

Leistungsfähigkeit, sportliche: Die über das → Leistungsvermögen und die → Leistungsbereitschaft realisierbare sportliche Leistung

Leistungsfähigkeit, technisch-taktische: Voraussetzung für technisch-taktische Leistungen innerhalb einer Sportart, basierend auf der sportlichen Leistungsfähigkeit

Leistungsvermögen: Kombination von körperlichen, technischen und taktischen Fähigkeiten sowie von Spielintelligenz und Erfahrung

Orientierungsfähigkeit, räumliche: Fähigkeit zur Bestimmung und Veränderung der Stellung und Bewegung des Körpers innerhalb des Spielfeldes, unter Berücksichtigung der sich bewegenden Mit- und Gegenspieler und des Balles

Prellung: Durch Stoß oder Schlag verursachte Quetschung von Weichteilen verbunden mit Blutergüssen. Im Fußball sind besonders Fuß-, Knie- und Oberschenkel (Pferdekuß) betroffen

Prinzipien, methodische: Immerwiederkehrende allgemeine Grundsätze hinsichtlich Aufbau und Gestaltung einer Trainingseinheit

Pubertät: Abschnitt der körperlichen Entwicklung (Reifung) vom Kind zum Jugendlichen

Reaktionsfähigkeit: Fähigkeit zum schnellen und aufgabengemäßen Reagieren auf bestimmte Signale

Rhythmusfähigkeit: Fähigkeit zur rhythmischen Gestaltung von Bewegungshandlungen

Tackling: Abblocken eines ballführenden Angreifers durch situationsgerechte, regelgemäße Abwehrtechniken, Ziel sollte immer die Balleroberung zum sofortigen eigenen Angriffsaufbau sein

Trainingsumfang: Gesamtbelastung innerhalb einer Trainingseinheit

Verstauchung: Durch gewaltsames Stauchen in der Längsachse verursachte Gelenksverletzung

Zerrung: Überdehnung einzelner Muskelfasern, einhergehend mit partiellen Kapillarrissen

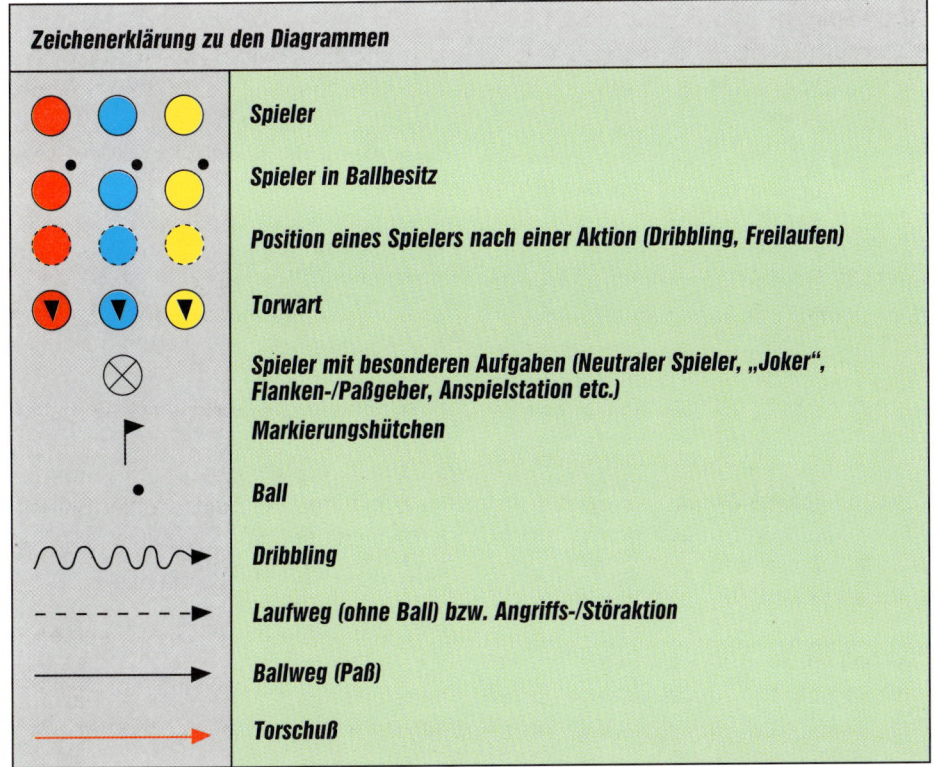

Zeichenerklärung zu den Diagrammen

Spieler

Spieler in Ballbesitz

Position eines Spielers nach einer Aktion (Dribbling, Freilaufen)

Torwart

Spieler mit besonderen Aufgaben (Neutraler Spieler, „Joker", Flanken-/Paßgeber, Anspielstation etc.)

Markierungshütchen

Ball

Dribbling

Laufweg (ohne Ball) bzw. Angriffs-/Störaktion

Ballweg (Paß)

Torschuß

Register